Karin Aderhold
Tina Turner

Karin Aderhold

TINA TURNER

Otto Maier Ravensburg

Martina Basanz: Danke für Rat & Tat

Originalausgabe
als Ravensburger Taschenbuch Band 4082
© 1991 Ravensburger Buchverlag Otto Maier GmbH

Umschlag: Dieter Leithold

Alle Rechte vorbehalten durch
Ravensburger Buchverlag Otto Maier GmbH
Gesamtherstellung: Ebner Ulm
Printed in Germany

5 4 3 2 1   95 94 93 92 91

ISBN 3-473-54082-X

Inhalt

Die Katze auf dem heißen Blechdach	7
Nut Bush City Limits	9
Annie Had A Baby	16
What's Love Got To Do With It	22
Working Together	27
A Fool In Love	36
Not Enough Romance	45
Girls	53
River Deep, Mountain High	59
Honky Tonk Woman	66
Two People	74
A Change Is Gonna Come	82
Help	90
Back Where You Started	97
Ball Of Confusion	105
Private Dancer	113
The Best	125
Interview mit Tina Turner	131
Biographische Daten	142
Discographie	147
Kleines Stil-Lexikon	153
Bildnachweis	158

Die Katze auf dem heißen Blechdach

»*Die Katze ist begabt und hat einen gesunden, aber nicht übertriebenen Ehrgeiz. Sie ist eine angenehme Gefährtin und zeigt gern ihre guten Eigenschaften, denn sie versteht es, sich beliebt zu machen. Allerdings hat sie einen Fehler: Sie ist oberflächlich, und leider sind es ihre Eigenschaften auch.*

Die Katze liebt Gesellschaft und ist überall gern gesehen. Von Klatsch hält sie jedoch nicht viel – wenn sie es trotzdem tut, dann nur mit Takt und Vorsicht. Sie ist eher empfindsam als gefühlvoll, und die großen Leiden der Menschheit interessieren sie nicht, solange sie nicht selbst davon betroffen ist. Sie haßt alles, was Probleme mit sich bringt, denn Geborgenheit und Harmonie gehen ihr über alles. In Geldsachen hat sie eine glückliche Hand, denn die friedliche Katze ist eine gewiefte Geschäftsfrau.

Die Katze ist zärtlich, aufmerksam und ziemlich tugendhaft. Trotzdem neigt sie dazu, ihre Familie zu vernachlässigen. Sie hat keinen rechten Familiensinn, hängt nicht besonders an ihren Eltern oder Kindern und zieht den Umgang mit Freunden vor. Ihr Mutterinstinkt ist nicht sehr stark entwickelt, aber sie wird trotzdem stets ihre Pflichten erfüllen. Oft verbirgt sich hinter der Sanftheit der Katze eine unheilvolle Kraft.«

So werden im chinesischen Horoskop Menschen beschrieben, die in einem Jahr zur Welt kommen, das unter der Schirmherrschaft der Katze steht. Denn während wir unser Horoskop nach den zwölf Sternzeichen ausrichten, steht bei den Chinesen eines von zwölf Tiersymbolen immer für ein ganzes Jahr.

Das Jahr 1939 stand unter der Schirmherrschaft der Katze, und am 26. November begab sich Tina Turner alias Anna Mae Bullock unter ihre Obhut: ein Schütze im Jahr der Katze. Diese Menschen sind, wenn man den Propheten aus dem Lande des Lächelns glauben will, die besten und auserlesensten aller Katzen. Allerdings hat es eine ganze Weile gedauert, bis diese Katze ihren eigenen Weg fand. Ein Vierteljahrhundert, um genau zu sein...

Nut Bush City Limits

»Es war wie überall. Es gab ein Gemeindehaus für die Weißen, das war hübsch gestrichen, und sogar als kleines Kind habe ich gesehen, daß unser Gemeindehaus nicht gestrichen war. Das sind meine Erinnerungen an Nut Bush, Tennessee.«
(Tina Turner 1986 in einem Interview mit der »Los Angeles Times«)

1939 war ein unruhiges Jahr. Deutsche Truppen marschierten auf Befehl Hitlers in Polen ein. Die Sowjetunion duldete diese widerrechtliche Besetzung stillschweigend, aber Frankreich und England erklärten Hitler den Krieg. Und der Physiker Albert Einstein – ein deutscher Jude und Pazifist, der 1934 in die Staaten emigriert war – gab vorübergehend seinen pazifistischen Standpunkt auf und wies Präsident Roosevelt auf die Möglichkeit von Atomwaffen hin. Dr. Martin Luther King, der große Kämpfer für die Bürgerrechte aller Menschen, war damals zehn Jahre alt, und es lag noch ein langer Weg vor ihm, bis er für sein Engagement im Kampf um die Gleichberechtigung seiner farbigen Mitbürger 1964 den Friedensnobelpreis erhalten sollte.

Musikalisch ging es in den Vereinigten Staaten Ende der 30er Jahre eher gemäßigt zu. Bei der breiten Masse waren zwei Arten von Musik besonders beliebt: Hillbilly und Race Music. Hillbilly war eine ländliche Musik, wie man sie im Süden auf Mandoline, Banjo und Fiedel spielte. Sie wurde mit Jazz- und Blueselementen gemischt, und so entstanden spritzige, leichte Melodien, die auch im Radio gern gespielt wurden. Race Music dagegen war Musik von Farbigen für Farbige. Erst 1949, als sich die Amerikaner eine so offensichtlich rassistische Unterteilung in schwarze und weiße Musik nicht mehr leisten konnten, wurde Race Music in Rhythm & Blues umbenannt.

Aber zurück ins Jahr 1939. Am 26. November erblickte im Haywood Memorial Hospital von Brownsville/Tennessee ein rothaariges Mädchen mit hellbrauner Haut das Licht der Welt. Ihre Eltern, Richard und Zelma Bullock, nannten ihre Tochter Anna Mae. Fünfzig Jahre später wird Little Annie als Tina Turner in die Musikgeschichte eingegangen sein.

Anna Mae Bullock wuchs in einem richtigen Familienclan auf. Da waren zunächst einmal ihre Eltern: ihr Vater Floyd Richard Bullock und seine energische Frau Zelma. Sie hatten bereits eine dreijährige Tochter namens Alline, als Tina geboren wurde. Die beiden Mädchen mochten sich, waren vom Temperament her aber völlig verschieden; der quirligen, meist sehr aktiven Anna Mae war Alline zu ruhig und vor allem zu langsam. Dann war da noch eine Halbschwester, Evelyn, eine uneheliche Tochter ihrer Mutter, die bei den Großeltern mütterlicherseits aufwuchs; zu ihr fand Anna Mae zeitlebens keinen herzlichen Kontakt.

Neben Alline und Evelyn gab es jedoch andere Kinder aus der Verwandtschaft, mit denen Anna Mae spielen konnte: Vetter Joe Currie beispielsweise und dessen Schwester Margaret, beide Halbwaisen wie Evelyn. Besonders mit Margaret verband Anna Mae schon früh eine freundschaftliche Beziehung. Was ihre Großeltern betraf, fühlte sie sich besonders zu den Eltern ihrer Mutter hingezogen. Grandpa Josephus Currie, ein Farmpächter wie ihr Vater Richard, war zu drei Vierteln Navajo-Indianer, was in Tennessee, dem Land der Cherokee, eine Besonderheit war. Seine Frau Georgianna, von allen liebevoll »Mama Georgie« genannt, hatte Cherokeeblut in ihren Adern und war wie ihr Mann zu einem Viertel schwarz. Die beiden hatten sieben eigene Kinder großgezogen und sorgten nun für Joe, Margaret und Evelyn. Wie Anna Mae und ihre Eltern waren die Curries getaufte Baptisten*, hatten aber mit der christlichen Lehre nicht viel am Hut, denn sie fühlten sich mit den Erdgeistern ihrer indianischen Vorfahren viel enger verbunden. Bei den Curries herrschte stets ein rauher, aber liebevoller Umgangston, und das gefiel Anna Mae.

Mit den Eltern ihres Vaters dagegen kam sie weniger gut aus. Alex und Roxanna Bullock waren der Bibel treu ergeben. Doch während Grandma Roxanna ein strenges, tugendhaftes Leben führte, gab sich Grandpa Alex dem Alkohol hin. Bei den beiden Bullocks lebte auch Onkel Gil, der einzige von Richards zahllosen Brüdern, der zu Hause geblieben war und nie geheiratet hatte. Anna Mae war auf der einen Seite ein aufgewecktes, fröhliches Mädchen, das keine Probleme hatte, Freundschaften zu schließen, das sich aber ebensogut mit sich selbst beschäftigen konnte.

Auf der anderen Seite hatte Anna Mae schon früh das Gefühl, nirgends richtig dazuzugehören: Ihre Haut war heller als die ihrer Freunde, ihr Haar war rötlich und nicht schwarz, und sie war kleiner und schmächtiger als beispielsweise ihre Schwester Alline. Anna Mae spürte auch schon sehr früh, daß Alline von der Mutter bevorzugt wurde, aber erst mit zehn Jahren erfuhr sie, womit diese Ungleichbehandlung zusammenhing. Sie fand heraus, daß sie vermutlich gar nicht das Kind ihres Vaters war, sondern einer kurzen Liebschaft entstammte, die ihre Mutter gehabt hatte. Gewißheit darüber erhielt sie nie, aber allein der Verdacht, daß Richard nicht ihr leiblicher Vater sein könnte, führte dazu, daß Anna Mae sich zurückzog. Die Bullocks und die Curries waren einfache, arbeitsame Leute, die sich wenig Gedanken über seelische Probleme machten, und es kam ihnen nicht in den Sinn, Anna Mae, gerade weil sie anders war, mehr Zuwendung zu schenken. So kam es, daß Anna Mae bei keinem ihrer zahlreichen Verwandten die Liebe und Geborgenheit fand, nach der sie sich sehnte.

Anna Mae verbrachte ihre Kindheit in Tennessee, einem ländlichen Staat mit dichten Wäldern im Norden und Weideland und Baumwollplantagen im Südwesten. Hier schöpfte der Schriftsteller Tennessee Williams den Stoff für seine schwülen Dramen und hier steht in Memphis in der Beale Street die Wiege des Blues.

---

* ehemaliger Spottname (= Täufer) für eine im 17. Jahrhundert entstandene, am Modell der christlichen Urgemeinde ausgerichtete Gemeindebewegung, deren Merkmal die Erwachsenentaufe ist. Die B. verstehen sich als Gemeinschaft Gleichgesinnter, wobei die Bibel als alleinige Richtschnur für Glaube, Gemeindeordnung und Leben gilt. Von Anfang an traten die B. für Glaubens- u. Gewissensfreiheit und für die Trennung von Staat und Kirche ein.

Anna Mae Bullock wuchs in einem kleinen Ort namens Nut Bush auf, einem verschlafenen Nest im Nordwesten von Tennessee, nahe der Grenze zu Arkansas. Nut Bush besaß nicht viel mehr als einen Tante-Emma-Laden, eine Schule mit zwei Klassenzimmern, eine Kneipe und natürlich ein Kirche. Die etwa fünfzig Familien, die in und um Nut Bush herum lebten, verdienten sich ihren Unterhalt in erster Linie auf den Baumwollfeldern und Erdbeerplantagen.

Die Bullocks gehörten zu den bessergestellten Farbigen des Ortes. Richard Bullock war Diakon der Baptistengemeinde und arbeitete als Plantagenaufseher. Seine Familie bewohnte auf dem Anwesen des weißen Besitzers ein kleines Haus. Dort hatte jeder der Bullocks sein eigenes Zimmer, und es gab auch Tiere: Kühe, Schweine, Hühner, sogar ein Pferd. In den Sommermonaten wurden viele Picknicks veranstaltet, auf denen auch Musik gemacht wurde – kein schwarzer Blues, der seinen Ursprung auf den Baumwollfeldern des Südens hat, sondern ländliche Hillbilly-Melodien. Bei solchen Partys im Freien unterhielt Anna Mae gern alle Anwesenden mit ihrem Gesang.

Die Bullocks hatten auch ein Radio, aber Anna Mae wäre nie auf die Idee gekommen, daß es diese Musik auf Platten zu kaufen gab; niemand in der Familie besaß einen Plattenspieler, und für Anna Mae kamen die Lieder einfach aus der Luft.

Wenn sich Tina Turner heute an ihre Kindheit erinnert, scheint es, als habe sie als Farbige in den Südstaaten nie diskriminierende Erfahrungen gemacht. Man darf aber nicht vergessen, daß in Tennessee, dem Ursprungsland des Ku-Klux-Klan*, wie im ganzen Süden der USA offiziell immer noch die Rassentrennungsgesetze galten. Der »Congress of Racial Equality« (Kongreß für die Rassengleichheit) hatte zwar begonnen, die längst überholten sozialen Verhältnisse in Frage zu stellen, doch in Nut Bush wußte damals jeder ganz genau, wo er hingehörte; niemand rebellierte gegen seine angeborene Position. Das mag mit ein Grund dafür sein, warum die Beziehun-

---

* terroristischer Geheimbund weißer Farmer, gegründet 1865 in Pulaski/Tennessee, um u. a. gegen die Aufhebung der Sklaverei und das Wahlrecht der Farbigen vorzugehen. In meist nächtlichen Aktionen kämpfen diese »Clansmen« auch heute noch mit brutalen Mitteln für die Aufrechterhaltung der kolonialen Lebensform in den Südstaaten.

gen zwischen den Weißen und Schwarzen und den verstreut in dieser Gegend lebenden Indianern an der Oberfläche herzlich waren. Es kam einfach nie zu offenen Konflikten, weil keine Seite es darauf anlegte.

Da ihr Vater für eine Familie von Großgrundbesitzern, die Poindexters, arbeitete, kam Anna Mae früh mit Weißen in Berührung. Zwischen den Bullocks und den Poindexters herrschte eine zwanglose, lockere Beziehung, und es kam oft vor, daß Anna Mae die Arbeitgeber ihres Vaters spontan besuchte. Sie fühlte sich zu ihnen hingezogen, weil sie hier etwas zu finden glaubte, das ihr in ihrem eigenen Zuhause fehlte. Die Poindexters tauschten nämlich auch dann, wenn Besuch da war, liebevolle Zärtlichkeiten aus und gingen vertraut und rücksichtsvoll miteinander um. Bei ihren eigenen Eltern war das ganz anders.

Anna Mae spürte schon sehr früh, daß es um die Ehe ihrer Eltern nicht zum besten stand. Ihre Mutter Zelma – eine aufmüpfige, energische Frau, die mit zehn bereits zu rauchen begonnen hatte und mit einem 45er Colt Schießübungen machte – hatte ihren Vater Richard nicht aus Liebe geheiratet; er war der Freund eines Mädchens gewesen, dem sie auf diese Art eins auswischen wollte – nicht gerade die beste Grundlage für eine Ehe. Deshalb sah Zelma in Richard keineswegs den Traummann ihres Lebens, und während Anna Maes Kindheit verließ sie immer wieder für einige Zeit Mann und Töchter und verschwand einfach. Aber zu einer dauerhaften Trennung konnte sie sich auch nicht entschließen. Weil das Zusammenleben ihrer Eltern nicht gerade von romantischen Gefühlen bestimmt wurde und weil sie bei den Poindexters eine andere Form des ehelichen Zusammenlebens sah, dachte Anna Mae schon früh darüber nach, ob Schwarze und Weiße womöglich verschiedene Vorstellungen von der Liebe hatten.

Anna Mae war ein kleines Ding von drei Jahren, ihre Schwester Alline gerade sechs, als ihre Eltern beschlossen, sich leichtere Arbeit zu suchen. Richard Bullock war die Arbeit auf den Baumwollfeldern leid, und er und Zelma versprachen sich in einer größeren Stadt besserbezahlte Jobs. Gemeinsam zogen sie nach Knoxville im Norden Tennessees. Dort entstand Anfang der 40er Jahre als Teil des sogenannten »Manhattan-Projekts« eine riesige Vakuum-Kammer. Im

Dezember 1941 hatten die Japaner Pearl Harbor bombardiert, und seitdem befand sich die Welt im Kriegszustand. Die USA waren deshalb mehr denn je an der Entwicklung einer Atomwaffe interessiert, und im Manhattan-Projekt wurde versucht, eine entsprechende Menge Uran anzureichern und dessen Atome zur Spaltung zu bringen. Der Bau der Vakuum-Kammer zog viele Arbeitssuchende nach Knoxville, die wie die Bullocks auf höhere Löhne und ein aufregendes Leben in der Großstadt hofften.

Wie ihre Töchter über diese plötzliche Trennung von ihren Eltern dachten, kümmerte Richard und Zelma wenig. Außerdem glaubten sie die beiden Mädchen gut versorgt. Alline kam zu Mama Georgie, wo es rauh, aber herzlich zuging. Anna Mae dagegen hatte das Pech, zu Grandma Roxanna abgeschoben zu werden. Bei der gestrengen Kirchengängerin fühlte sich die lebhafte Anna Mae furchtbar eingeengt, denn mit dem Herumtoben draußen war es nun vorbei. Sie mußte die meiste Zeit im Haus verbringen, damit Roxanna besser auf sie aufpassen konnte, und jeden Sonntag wurde sie zum Gottesdienst in die Kirche geschleppt, wo die strenge Zeremonie sie langweilte. Anfangs hatte sie noch auf Unterstützung durch Grandpa Alex gehofft, doch den interessierte mittlerweile nur noch der Alkohol. Das einzige, was ihr diese Zeit bei den Großeltern erträglich machte, waren die gelegentlichen, wenn auch stets viel zu kurzen Besuche bei Mama Georgie, Alline, Joe und Margaret.

Der Umzug nach Knoxville hatte sich für Richard und Zelma gelohnt, denn beide fanden rasch gutbezahlte Jobs – Richard beim geheimen Atom-12-Projekt und Zelma als Kellnerin. Im Sommer 1944 hatten sich die beiden so gut eingerichtet, daß sie ihre Töchter wenigstens für ein paar Wochen zu sich holen konnten. Anna Mae, noch keine fünf Jahre alt, war von der Großstadt völlig begeistert. Während die Eltern tagsüber außer Haus waren und arbeiteten, paßte eine Bekannte auf die beiden Mädchen auf. Ihr Name war Rosalie Blake, und sie gehörte der Pfingstbewegung* von Knoxville an. Ab und zu nahm Rosalie Blake Alline und Anna Mae zum Gottesdienst mit, und besonders für Anna Mae, die bisher nur die strengen Baptisten kennengelernt hatte, waren die lauten Feiern mit wildem

---

* christliche Sekte, die besonderen Wert auf die Einheit von Körper und Seele legt

Händeklatschen und brausenden Orgelkaskaden etwas völlig Neues. Die frommen Gläubigen allerdings, die während ihrer Visionen in ekstatischen Zuckungen vor dem Altar zusammenbrachen, waren ihr ein bißchen unheimlich.

Die Suche der amerikanischen Forscher nach Möglichkeiten zur Atomspaltung, die eine Bombe von bisher nicht gekannter Zerstörungskraft ermöglichen sollte, war schneller erfolgreich, als viele gedacht hatten. 1945 warfen die Amerikaner die ersten Atombomben auf Hiroshima und Nagasaki ab, die unvorstellbares Leid heraufbeschworen. Das Manhattan-Projekt hatte seinen Zweck erfüllt und wurde geschlossen. Richard Bullock entschied sich, sein altes Leben auf der Farm wiederaufzunehmen, doch diesmal wollte er seine kleine Familie zusammenhalten. Mit seiner Frau Zelma und den beiden Töchtern zog er erst nach Flagg Grove und dann nach Spring Hill.

Anna Mae ging nun zur Schule. Daß sie anders aussah als ihre Mitschüler, machte ihr zuweilen sehr zu schaffen. Aber auch wenn sie selbst sich als Fremdkörper empfand, war sie doch beliebt und hatte Freunde – vor allem wohl deshalb, weil sie keine Launen kannte, nicht zickig, sondern meist fröhlich und vergnügt war. Ihre Aktivität war ansteckend, und darüber hinaus besaß Anna Mae eine Menge Organisationstalent.

Trotzdem war sie häufig allein, aber sie fühlte sich nie wirklich einsam. Im Lauf der Jahre war in ihr nämlich die Überzeugung gewachsen, daß sie eines Tages auf einen Menschen treffen würde, der ihr all die Zuneigung gab, die sie bei ihren Eltern vermißte.

Annie Had A Baby

»*Tatsache ist, daß ich von meiner Mutter und von meinem Vater von Anfang an, seit meiner Geburt, keine Liebe erfahren habe. Entfremdung, Zurückweisung – als Kind wußte ich gar nicht, daß solche Begriffe existieren. Ich wußte nur, daß ich mich mit meiner Mutter nicht verständigen konnte und daß mein Vater mich nicht in seiner Nähe haben wollte. Ehrlich gesagt, habe ich die meiste Zeit meines Lebens keine Liebe erhalten, ob man es glaubt oder nicht. Aber ich überlebte.*«
(Tina Turner in ihrer Biographie »Ich, Tina«)

Den Menschen, bei dem Anna Mae schließlich Zuneigung, Verständnis und Liebe fand, kannte sie schon ihr ganzes Leben lang, aber es hatte einige Jahre gedauert, ehe sich aus der freundschaftlichen Beziehung zwischen ihr und ihrer drei Jahre älteren Cousine Margaret eine tiefe Seelenverwandtschaft entwickeln konnte.

Die beiden Mädchen trafen sich vorwiegend an den Wochenenden. Da zog es die Curries und die Bullocks in die Kreisstadt Ripley, um zu feiern. In Ripley gab es eine verrufene Gegend, die allgemein nur »das Loch« genannt wurde. Im »Loch« wimmelte es von Imbißstuben und Kinos und jeder Menge Kneipen mit Musikboxen, aus denen Boogie-Woogie und Blues dröhnte, und Frauen in weit ausgeschnittenen engen Kleidern balancierten auf hochhackigen Schuhen. Es wurde getanzt, gelacht und heftig und heiß geflirtet. Und es blieb nicht nur beim Flirten allein; die Pärchen verschwanden hinter Büschen oder im Auto, wenn sie für eine Weile allein sein wollten. Anna Mae, inzwischen knappe zehn Jahre alt, fand das »Loch« aufregend. Vor allem bewunderte und beneidete sie die

Frauen, denn sie glaubte zu wissen, daß aus einer kleinen, zierlichen, flachbrüstigen Zehnjährigen wohl kaum eine große, stattliche Siebzehnjährige mit langen Beinen, schmaler Taille und breitem Hintern werden würde.

Die Wirte in diesem Viertel sahen Kinder nicht gern in ihren Kneipen, und so gingen Margaret und Anna Mae häufig ins Kino, schauten sich z. B. aufwendige Musicals an, während sich die älteren Bullocks und Curries im »Loch« amüsierten. Für ein paar Stunden lebten die beiden Mädchen dann in einer Traumwelt, deren gottähnlichen Gestalten eines gemeinsam war – daß sie weiß waren. Anna Mae wollte ein bißchen von dieser glitzernden Welt des Glamour abhaben, die so gar nichts mit ihrem Alltag auf den Baumwollfeldern zu tun hatte. Dort war es staubig und heiß, und Anna Mae arbeitete stundenlang in gebückter Haltung, bis ihr der Rücken weh tat.

Wenn sie samstags aus dem Kino nach Hause kam, unterhielt Anna Mae ihre Familie oft stundenlang, indem sie jede Rolle und jedes Lied des Musicals, das sie gerade gesehen hatte, nachspielte. Dabei fiel ihrer Mutter auf, daß ihre jüngste Tochter eine ungewöhnlich schöne Stimme besaß. Doch Zelma maß diesem Talent keine große Bedeutung bei. Außer einer entfernten Tante namens Essy hatte es nie jemanden in ihrer Familie gegeben, der auch nur ansatzweise musikalisch gewesen wäre. Deshalb kam Zelma überhaupt nicht auf den Gedanken, Anna Maes Begabung zu unterstützen. Sie schickte ihre Jüngste lediglich in den Kirchenchor, wo diese fortan in ihrer Freizeit sang. Doch mit der Kirche selbst hatte Anna Mae nach wie vor nichts im Sinn. Es war ausschließlich das Singen, das ihr Freude bereitete und sie regelmäßig in das Gotteshaus zog.

Die Ehe von Richard und Zelma Bullock war im Lauf der Jahre zerrüttet. Obwohl die Mutter bisher von ihren »Ausflügen« immer wieder zurückgekehrt war, spürte Anna Mae, daß eines Tages die endgültige Trennung kommen würde. Im Sommer 1950 war es dann soweit. Zelma Bullock verließ endgültig ihre Familie und zog zu einer Tante nach St. Louis. Obwohl der Auszug ihrer Mutter für Anna Mae nicht überraschend kam, war sie nun, als es tatsächlich geschah, zutiefst erschüttert und verletzt. Ihre Mutter hatte ihr nie die gleiche Zuneigung wie Alline geschenkt – trotzdem hing Anna Mae sehr an ihr. Sie hoffte Tag für Tag inständig auf ein Lebenszeichen von Zelma, irgend etwas, das ihr sagte: Ich kann zwar nicht bei dir sein, aber ich denke an dich. Doch es kam nichts – kein Brief, keine Postkarte.

Richard nahm diese neuerliche Flucht seiner Frau anfangs nicht ernst, doch als Zelma monatelang nichts von sich hören ließ, mußte auch er einsehen, daß der Bruch diesmal endgültig war. Während dieser Zeit des vergeblichen Wartens veränderten sich Anna Maes Gefühle für ihre Mutter. Anfangs war sie ob des Verlustes schmerzlich enttäuscht, dann wurde sie allmählich ärgerlich, schließlich, als die Monate vergingen und Zelma immer noch nichts von sich hören ließ, verwandelte sich ihre Wut in Trotz, und sie dachte: Soll sie mir doch gestohlen bleiben, ich brauche sie nicht, ich komme auch ohne sie zurecht.

Ihr Vater Richard kam jedoch mit seinem Single-Dasein überhaupt nicht klar, und so dauerte es gar nicht lange, da heiratete er erneut. Ob diese Beziehung viel mit Liebe zu tun hatte oder eher praktischer Natur war, ist ohne Bedeutung – ihr war ohnehin keine lange Dauer beschieden: Richard Bullocks zweite Frau Essie Mae und ihre Tochter Nettie kamen nämlich aus Ripley und konnten als »Städter« mit der ländlichen Langeweile von Spring Hill nichts anfangen. Anna Mae bedauerte den baldigen Auszug der beiden nicht; sie hatte weder zu ihrer Stiefmutter noch zu deren Tochter eine Beziehung gefunden. Doch ihr Vater kam nicht so leicht darüber hinweg, daß auch seine zweite Frau ihn verlassen hatte, und er empfand diesen erneuten Verlust als persönliches Versagen. Er stürzte sich in eine Reihe Affären, von denen keine länger als ein paar Wochen hielt. Daraufhin wurde Richard Bullock zusehends niedergeschlagener, ging nicht mehr zur Kirche und überließ die Sorge für Alline und Anna Mae der weitläufigen Verwandtschaft.

1954 war in vielerlei Hinsicht ein Jahr der großen Ereignisse. Der Oberste Gerichtshof der Vereinigten Staaten hatte die Rassentrennung in den Schulen und öffentlichen Einrichtungen für ungesetzlich erklärt. Dadurch erlebte der Ku-Klux-Klan besonders im Süden neuen Aufschwung, denn die Farbigen versuchten nun, ihre verbrieften Rechte auch tatsächlich durchzusetzen.

Wie im sozialen Leben hatte es auch in der Musik die Rassentrennung gegeben, und man konnte sich lange nicht vorstellen, daß ein weißes Publikum sich für schwarze Musik interessieren könnte oder daß umgekehrt Schwarze weiße Musik hören wollten. Doch Anfang der 50er war in der Musik ein neuer Begriff aufgetaucht: Rhythm & Blues. Er stand für Musik, die von Farbigen für Farbige gemacht wurde und die man zuvor unter der Bezeichnung »Race Music« oder »Sepia« abgewertet hatte. Diese rassistische Diskriminierung wurde nun durch den neutralen Begriff »Rhythm & Blues« ersetzt – übrigens war es ein Weißer, nämlich ein Redakteur der Musikzeitschrift »Billboard«, der diesen Begriff einführte. Es handelte sich dabei nicht um eine neue Musikrichtung, denn auf den Baumwollplantagen hatten umherziehende Musiker bereits im 18. und 19. Jahrhundert den Blues verbreitet. In New Orleans verbanden Dixieland-Bands nun den eher schwermütigen Blues mit den fröhlicheren Rhythmen des Ragtime, und die Bezeichnung »Rhythm & Blues« faßte diese verschiedenen Stile zu einem Begriff zusammen.

Anna Mae Bullocks Leben verlief unbeeinflußt von diesen Dingen. Sie hatte ganz persönliche Probleme, auch wenn der nächste Schicksalsschlag sie weniger tief verletzte als der Fortgang ihrer Mutter. Anna Mae war dreizehn Jahre alt, als auch der Vater seine Töchter verließ und nach Detroit zog. Alline und Anna Mae blieben in der Obhut ihrer Tante Ella Vera zurück, und über lange Zeit hinweg bestand zwischen den Eltern Bullock und ihren beiden Töchtern überhaupt kein Kontakt – es war, als wären Richard und Zelma tot. Da es Ella Vera finanziell nicht besonders gutging, waren Anna Mae und Alline gezwungen, neben der Schule Geld zu verdienen, um zu ihrem Lebensunterhalt beizutragen. Anna Mae fand eine Stelle als Haushaltshilfe bei den Hendersons, einer weißen Familie in Ripley.

Es dauerte gar nicht lange, da betrachtete sie das junge Paar, das ein Baby hatte, als ihre Ersatzfamilie. Sie verbrachte mehr Zeit mit den Hendersons als bei der eigenen Verwandtschaft, wo sie ohnehin eher geduldet als herzlich willkommen war. Die Hendersons führten eine glückliche Ehe, und Anna Mae fühlte sich sehr wohl. Sie mußte erneut den Eindruck gewinnen, daß weiße Paare anders miteinander umzugehen pflegen, als sie es aus ihrer dunkelhäutigen Verwandtschaft kannte. Dies läßt sich natürlich nicht verallgemeinern, aber Anna Mae war in dem Alter, in dem Mädchen sich einerseits leicht beeindrucken lassen, andererseits ein treffsicheres Gespür für Gefühle und Harmonie entwickeln. Die Hendersons hatten keine Rassenvorurteile und behandelten das junge Mädchen wie ein Familienmitglied. Die Sympathie, die Anna Mae hier entgegengebracht wurde, tat ihr gut und stärkte ihr angeknackstes Selbstbewußtsein.

Doch Anna Mae blieb wenig Zeit, sich über diese neue Lebenssituation wirklich zu freuen, denn 1954 brachte nach dem Auszug ihrer Eltern weitere Wandlungen in der Familie. Papa Alex, der Mann von Grandma Roxanna, starb an den Folgen seines Alkoholismus, der über die Jahre hinweg seine Gesundheit ruiniert hatte. Grandma Roxanna blieb mit Onkel Gil, der noch immer bei ihr lebte, sowie ihrer Enkelin Margaret und Anna Maes Halbschwester Evelyn zurück. Besonders mit den beiden Mädchen hatte die alte Dame große Schwierigkeiten. Evelyn war Mutter einer unehelichen Tochter geworden, und nicht nur Evelyn, sondern auch Grandma Roxanna hatte aus dieser Erfahrung ihre Lehre gezogen. Damit so etwas nicht noch einmal passierte, erlaubte sie Evelyn und Margaret nur gemeinsam auszugehen, weil sie hoffte, daß die beiden aufeinander aufpaßten und die eine die Anstandsdame der anderen sein würde. Natürlich funktionierte das in der Praxis nicht.

An den Samstagen kamen Margaret und Evelyn regelmäßig nach Ripley, um sich ein paar vergnügte Stunden zu machen. Anna Mae freute sich die ganze Woche auf ihren Besuch, weil es für sie die einzige Gelegenheit war, Margaret zu treffen. In ihrem Buch »Ich, Tina« schreibt sie über ihre erste Freundin: »Margaret liebte mich, und ich liebte sie. Sie war meine einzige echte Freundin, die immer für mich da war, mit der ich reden konnte, die mir Gesellschaft leistete und von der ich lernte. Sie war meine erste Lehrerin. Von ihr erfuhr ich alles über Sex, und sie brachte mir sogar das Küssen bei.«

Margaret war siebzehn, drei Jahre älter als Anna Mae, und Sex war für sie nicht mehr nur ein Thema, über das man mit Freundinnen klatschte. Sie war ein beliebtes, hübsches Mädchen, das viele Freunde hatte, und eines Tages merkte sie, daß sie schwanger war. Kondome waren damals ein heikles Thema: Ein junges Mädchen wie Margaret hätte in dieser Zeit, in der es die Pille noch nicht gab, kaum den Mut gefunden, mit ihrem Freund über Verhütung zu sprechen – aus Angst, daß er sie dann nicht mehr treffen wollte und sich lieber eine andere suchte, die es ihm leichter machte. Viele Mädchen dachten wohl auch einfach, daß schon nichts passieren würde, wenn der Freund sich vorsah. Aber Sex war eben immer mit einem Risiko verknüpft, und es waren die Mädchen, die die Folgen zu tragen hatten. Margaret sah bei Evelyn, wie schwierig es als Alleinstehende war, ein Kind aufzuziehen, und eigentlich fühlte sie sich noch viel zu jung, um Mutter zu werden. Sie war intelligent und wollte das College besuchen – keiner aus der Familie hatte vor ihr je ein College besucht. Doch eine Abtreibung würde sie als gläubige Baptistin in einen tiefen Gewissenskonflikt treiben. Natürlich konnte ihr Anna Mae bei einer so schwerwiegenden Entscheidung nicht helfen, auch wenn die beiden Freundinnen immer wieder darüber sprachen, was nun geschehen sollte.

Die Entscheidung wurde Margaret auf tragische Weise abgenommen. Eines Samstagabends, als Evelyn und Margaret sich von Ripley nach Hause fahren ließen, kamen die beiden jungen Frauen bei einem Autounfall ums Leben. Anna Mae war über den Tod ihrer liebsten Freundin völlig verzweifelt. Ihr war, als habe man ihr den Boden unter den Füßen weggezogen, denn der Verlust von Margaret war für sie viel schmerzlicher als der Fortgang ihres Vaters, ja sogar schlimmer als das endgültige Verschwinden ihrer Mutter. Monatelang trauerte sie um die geliebte Freundin. Sie fühlte sich allein und völlig leer, und auch die Hendersons, an denen sie sehr hing, waren ihr in dieser Zeit kein Trost.

What's Love Got To Do With It

»*In meiner Jugend war ich spindeldürr und mager, und meine langen Beine paßten nicht zum Rest meines Körpers. Damals war ich noch nicht in der Lage, dies so weit zu analysieren, daß mein Aussehen ein Vorteil sein könnte. In der Schule war ich nicht sehr smart; ich war unzufrieden mit meiner Ausbildung, und dann traf ich später bei meiner Heirat noch eine schlechte Wahl.*«
(Tina Turner 1986 in einem Interview mit »ME/SOUNDS«)

Anna Mae war beinahe 15 Jahre alt, als sie auf die Lauderdale High School kam. Eine besonders gute Schülerin war sie nie gewesen, hatte auch keine besonderen Interessen oder Hobbys entwickelt, wenn man vom Singen im Kirchenchor einmal absah. Am ehesten lagen ihr noch Englisch und Sport, aber Mathematik beispielsweise blieb ihr zeitlebens ein Buch mit sieben Siegeln. Auch in der neuen Schule kam sich Anna Mae anfangs wie eine Außenseiterin vor. Je älter sie wurde, um so mehr litt sie unter ihrem andersartigen Aussehen, das sie von Gleichaltrigen unterschied, und vor allem darunter, daß sie sich als zu klein und zu mager empfand. Dazu kam, daß sie sich auch nicht immer die neuesten Klamotten wie ihre Mitschülerinnen leisten konnte, was ihr ebenfalls das Gefühl gab, nicht richtig dazuzugehören. Aber Anna Mae war kein Mensch, der sich seine Unsicherheit anmerken ließ. Sie war umgänglich und freundlich, und es fiel ihr darum nicht schwer, neue Freunde zu gewinnen. Ihre Mitschüler schätzten an ihr besonders ihr unglaubliches Organisationstalent, und so war Anna Mae ständig mit Dingen wie dem Organisieren von privaten Schulfeten beschäftigt, denn in Spring Hill gab es damals keine Clubs oder Cafés, wo die Jugendlichen sich außerhalb der Schule hätten treffen können. In ihrer Freizeit betätigte sie sich außerdem als Cheerleaderin für das Basketball-Team – ein »Jubelmädchen« also, das durch ermutigende Rufe und anfeuernde Tänze mit bunten Pompons die Jungs der eigenen Mannschaft in Fahrt bringt.

Auf dem Spielfeld war es auch, wo Anna Mae *ihn* zum ersten Mal sah. Das Team der Carver High School aus dem benachbarten Brownsville war zu einem Freundschaftsspiel herübergekommen. Obwohl Anna Mae nur einen kurzen Blick von dem Spieler mit der Nummer neun erhaschte, verknallte sie sich sofort in ihn. Sein Name war Harry Taylor, und er war der Captain der gegnerischen Mannschaft, ein großer, schlanker und hellhäutiger Junge.

Obwohl auch ihm das zierliche, besonders wild jubelnde Cheerleader-Girl aufgefallen war, konnten die beiden nicht sofort zueinander finden, weil sie nicht in der gleichen Stadt lebten. Aber diese erste Begegnung, bei der sie nicht einmal ein Wort miteinander gewechselt hatten, war für Anna Mae mehr als ein Flirt gewesen, und sie konnte Harry nicht mehr vergessen. Doch erst ihr Umzug zu Mama Roxanna und Onkel Gil brachte sie ihrem Schwarm näher.

Vater Richard hatte nämlich aufgehört, Cousine Ella Vera Geld für seine beiden Töchter zu schicken, und der Verdienst der beiden Mädchen reichte nicht aus, um ihre Lebenshaltungskosten zu bestreiten. Jedenfalls sah ihre Tante Ella Vera das so, obwohl Anna Mae nach wie vor die meiste Zeit bei den Hendersons verbrachte und auch häufig dort aß. Vielleicht war Ella Vera die Verantwortung für die beiden Teenager auch zu groß geworden, und sie wollte sie los sein. Also zogen Alline und Anna Mae zurück nach Nut Bush, und dieser Umzug hatte auch einen Schulwechsel zur Folge. In Nut Bush gab es nur eine Grundschule, und die nächste High School war in Brownsville – eben da, wo auch Harry Taylor zur Schule ging. Und so fand Anna Mae sich zu ihrer großen Freude plötzlich an derselben Schule wieder wie ihre erste Liebe. Es dauerte nicht lange, bis sie sich regelmäßig trafen, obwohl Harry mit einem anderen Mädchen befreundet war.

Jeden Mittwoch holte er Anna Mae zu Hause ab. Doch Mama Roxanna war durch die Erfahrungen mit Evelyn und Margaret vorsichtig geworden und ließ Anna Mae abends nur aus dem Haus, wenn

Alline dabei war. Deshalb brachte Harry zu den Treffen einen Freund mit, der sich für Alline interessierte. Während die beiden ihre Zeit in Kneipen verbrachten, blieben Harry und Anna Mae in Harrys Wagen und taten, was offenbar viele amerikanischen Teenager in den 50er Jahren auf den Rücksitzen ihrer Autos taten: Sie sammelten erste Erfahrungen in der praktischen Liebe. Anna Mae genoß es – es war etwas, was sie sich schon lange gewünscht hatte, spätestens seit sie im »Loch« mitbekommen hatte, was sich zwischen Büschen und in den geparkten Wagen abspielte. Doch leider entpuppte sich Harry als einer jener Männer, die sich nur so lange für ein Mädchen interessieren, wie es sich ziert und ihrem Drängen nicht nachgibt. Als er von Anna Mae bekommen hatte, was er wollte, verlor er das Interesse – die »Sache« war für ihn abgeschlossen, und er verließ Anna Mae.

Anna Mae hingegen war immer noch verliebt, und Liebe macht bekanntlich blind. Als Harry einige Zeit später scheinbar reumütig zurückkehrte, schloß Anna Mae ihn freudig in die Arme. Doch auch dieser zweite Anlauf nahm kein gutes Ende. Eines Abends erklärte ihr Harry, daß er eine andere heiraten werde, weil sie ein Kind von ihm erwartete, und es stellte sich heraus, daß er die ganze Zeit auch mit anderen Mädchen sehr eng befreundet gewesen war. Treue war für ihn ganz offensichtlich ein Fremdwort. Für Anna Mae brach erneut eine Welt zusammen: »Ich war völlig gebrochen. Harry war das einzige gewesen, was ich liebte. Meine Eltern hatte ich aus dem Gedächtnis gestrichen, und ich hatte Margaret verloren. Und jetzt auch ihn.«

Alline beendete die Schule und zog nach Detroit. Anna Mae wurde wieder einmal in der Verwandtschaft herumgereicht, bis sie schließlich dort ankam, wo sie als kleines Mädchen immer hingewollt hatte: zu Mama Georgie. Aber Mama Georgie hatte sich verändert – vielleicht auch deshalb, weil sie Evelyns Tochter aufziehen mußte und sich für diese verantwortungsvolle Aufgabe längst zu alt fühlte.

1956 – die Hendersons hatten Anna Mae gerade mit auf einen Urlaub nach Texas genommen – starb Mama Georgie. Anna Mae schmerzte der Tod ihrer Lieblingsgroßmutter sehr, aber sie hatte in ihrem jungen Leben schon so viele ihr nahestehende Menschen durch Tod oder andere Umstände verloren. Bei aller tief empfundenen Trauer wußte sie inzwischen, daß sie auch diesen neuerlichen Schicksalsschlag überstehen würde. Und gleichzeitig regte sich in ihr eine Hoffnung, der sie kaum nachgeben mochte – aus Angst, sie könne nicht wahr werden, wenn sie es sich zu sehr wünschte. Aber das erhoffte Wunder trat tatsächlich ein, denn zur Beerdigung von Mama Georgie erschien auch Zelma Bullock.

Was sich bei dem Wiedersehen zwischen Mutter und Tochter abgespielt haben mochte, bleibt der Phantasie des Lesers überlassen. Vielleicht tat es Zelma Bullock wirklich leid, daß sie sich so lange nicht um ihre jüngste Tochter gekümmert hatte. Vielleicht hatte sie sich die ganze Zeit über nicht gemeldet, weil sie Angst hatte, von ihrer Tochter abgewiesen zu werden. Vielleicht hatte sie auch ganz einfach ein schlechtes Gewissen und wollte wiedergutmachen, was sie in den Jahren zuvor versäumt hatte. Jedenfalls bat sie Anna Mae, mit ihr nach St. Louis zu gehen. Dort lebte sie mit Alex Jupiter, einem Lastwagenfahrer, und arbeitete als Haushaltshilfe. Alline hatte den Weg zu ihr bereits gefunden, und so beschloß Anna Mae, ein ganz neues Leben zu beginnen, diesmal in einer richtigen Großstadt.

In St. Louis ging sie auf die Sumner High School, die fast ausschließlich von Farbigen besucht wurde. Aber es waren Kinder von Ärzten, Geschäftsleuten – aus Familien, die der Oberschicht angehörten, während Anna Maes Mutter nur als Haushaltshilfe arbeitete und ihr Vater verschollen war. Wieder fühlte Anna Mae sich fehl am Platz. Erst als sie die Schule beendet hatte und einen Job als Hilfskrankenschwester in der Kinderstation eines Krankenhauses annahm, ließ dieses Gefühl nach: Hier fühlte sie sich wohl. Ihre Arbeit wurde allgemein anerkannt, und mit Kindern hatte sie schon immer gut umgehen können.

Mitte der 50er Jahre war St. Louis für junge Leute ein eher langweiliger Ort. Mehr los war auf der anderen Seite des Mississippi in East St. Louis. Da gab es Leben und Action in Form von Freudenhäusern, Spielhöllen und unzähligen Clubs – vom schicken Nachtclub bis zur heruntergekommenen Kaschemme. Ein »Loch« wie das in Ripley also, aber viel größer, bunter und gefährlicher. Alline arbeitete dort hinter dem Tresen einer der besseren Bars, und wie viele junge Frauen schwärmte sie ganz besonders für eine Band: die Kings of Rhythm, angeführt von einem Gitarristen namens Ike Turner.

An den Wochenenden zog es Alline und ihre Freunde immer in die Eastside von St. Louis. Anna Mae kam dieses East St. Louis beinahe provinziell vor. Unter nächtlichen Vergnügungen in einer Großstadt hatte sie sich mehr echte Klasse und Glamour vorgestellt, aber es war schon mehr los als in Ripley oder gar in Nut Bush.

Eines Abends nahm Alline ihre kleine Schwester mit, um ihr die heißeste Band der Stadt zu zeigen. Männer sah man kaum im Publikum, das sich dicht um die kleine Bühne drängte, um die Kings of Rhythm zu hören. Und dann sah Anna Mae zum ersten Mal den Mann, der ihr ganzes zukünftiges Leben verändern sollte. Doch anders als bei Harry Taylor war es keineswegs Liebe auf den ersten Blick, als Ike Turner endlich auf der Bühne erschien. Nach allem, was Alline ihr von diesem Mann vorgeschwärmt hatte, war Anna Mae enttäuscht.

Ike Turner war mittelgroß, hager und dunkelhäutig; er wirkte nervös und nicht die Spur selbstbewußt, wie er da, mit dem Rücken zum Publikum, in die Saiten seiner Gitarre griff, und auch wenn er auf die weiblichen Fans eine gewisse erotische Anziehungskraft hatte – Anna Maes Typ war er einfach nicht.

Working Together

»Ich war immer das, was man wahrscheinlich als Modepüppchen bezeichnen würde. Ich kann mich nicht erinnern, irgendwann einmal meine Zehennägel nicht lackiert zu haben. Ich zog mich an wie die Stars – schicke Kleider, hochhackige Schuhe, Pelze, Handschuhe, die dazu paßten, Schmuck und einen Cadillac. Ich kam mit erhobenem Kopf herein und tat so, als ob. Es machte richtig Spaß.«
(Tina Turner 1984 in einem Interview mit dem
»London Evening Standard«)

Ike Luster Turner, geboren am 15. November 1931 in Clarksdale, Mississippi, wuchs mit Musik auf, obwohl in seiner Familie niemand über besonderes musikalisches Talent verfügte. Die Radiostationen spielten damals überwiegend Hillbilly oder Country & Western, doch das war nicht Ikes Musik.

Ike fühlte sich schon früh zum Blues hingezogen. In seiner Freizeit lungerte er gern beim lokalen Radiosender WROX herum, und wenn der DJ eine Pause einlegte, durfte der kleine Ike die heißen Platten auflegen. Seine Mutter Beatrice, die sich ihren Lebensunterhalt als Näherin verdiente, bezahlte ihrem Sohn Klavierunterricht. Ike schwänzte aber oft die Stunden und vertrieb sich die Zeit lieber mit Poolbillard. Trotzdem entwickelte er ein feines Gespür für »seine« Musik, und bereits mit zehn Jahren begann er, in den Kneipen Klavier zu spielen.

Ikes Vater war der Pfarrer der örtlichen Baptistengemeinde von Clarksdale. Und er war ein Mann, der die Frauen liebte. Diese Eigenschaft wurde ihm zum Verhängnis, als er sich mit der weißen Freundin eines ortsbekannten Schlägers namens Bird-Doggin' einließ. Dem gingen die amourösen Abenteuer seiner Freundin gewaltig gegen den Strich. So fand Reverend Turner ein vorzeitiges Ende, als Bird-Doggin' mit seinen Freunden bei ihm zu Hause auftauchte und ihn dermaßen brutal zusammenschlug, daß er sich von diesen Schlägen nicht mehr erholte. Vielleicht hätte sein Leben gerettet werden können, aber in Clarksdale herrschte in den 50er Jahren strikte Rassentrennung. Die Eisenbahnlinie, die mitten durch den Ort führte, war gleichzeitig auch die Grenze zwischen den Wohngebieten der Weißen und Farbigen, und das weiße Krankenhaus, in das Reverend Turner gebracht wurde, lehnte die Behandlung eines Farbigen ab.

Ike Turner entwickelte die gleiche Vorliebe für das andere Geschlecht wie sein Vater. Er war ein Mann, auf den die Frauen flogen. Dabei sah er nicht einmal besonders gut aus. Aber er hatte ausgezeichnete Manieren und war charmant, und das gefiel den Frauen. Außerdem verwöhnte er seine Feundinnen – zumindest am Anfang einer Beziehung – mit Zärtlichkeiten und aufwendigen Geschenken. Was Ike jedoch viel mehr interessierte als die Frauen, war der Blues und wie man damit seinen Lebensunterhalt verdienen konnte. Dieser Frage widmete er seinen gesamten Ehrgeiz und sein Talent. Wie viele andere in diesem Geschäft sah er im Musikmachen eine Möglichkeit, dem kleinstädtischen Mief zu entfliehen.

Ike war gerade siebzehn, als er 1948 seine erste Band gründete. Seine Mitspieler hatte er bei den Top Hatters kennengelernt, einer Swingband, die in Clubs und Schulen auftrat. Ike nannte seine Gruppe »Kings of Rhythm«. Die »Könige des Rhythmus« waren einigermaßen erfolgreich, obwohl sie nicht besser waren als viele andere Bands, die damals in den Clubs von Clarksdale auftraten. Ike spielte Klavier und Gitarre; er war von seiner Musik besessen. Wer sich seiner Disziplin nicht unterordnete, flog rasch aus der Band. Zwischenmenschliche Beziehungen gingen ihm nicht besonders nah, es sei denn, er konnte sie dazu nutzen, seine Kings of Rhythm eine Stufe weiter nach oben auf der Karriereleiter zu bringen.

Daß in Clarksdale nicht das große Geschäft zu machen war, hatte Ike früh erkannt. Wenn er wirklich erfolgreich sein wollte, dann mußte er nach St. Louis oder Memphis, wo der Blues zu Hause war. Da Ike nie Probleme hatte, neue Kontakte zu knüpfen, lernte er

Legende auf der Bluesgitarre: B. B. King

durch den schwarzen Bluesgitarristen B. B. King den Produzenten Sam Phillips kennen. Gemeinsam mit ihm produzierte er »Rocket 88«, die erste Single der Kings of Rhythm. Die Platte kam im Juni 1951 auf den ersten Platz der Rhythm-&-Blues-Charts, aber für die Kings of Rhythm zahlte sich dieser Erfolg trotzdem nicht aus.

Ike hatte nämlich keine besonders gute Stimme. Deshalb wurde »Rocket 88« von Jackie Brenston, dem Saxophonisten der Kings of Rhythm, gesungen, und unter seinem Namen wurde das Stück auch veröffentlicht. Genau betrachtet war dieser erste Hit für Ike Turner eine gigantische Pleite, denn Jackie Brenston stieg der plötzliche Ruhm zu Kopf. Er hielt sich ab sofort für einen Solostar und verließ die Kings of Rhythm, weil er sich ohne die anderen mehr Chancen im Geschäft versprach. Obwohl sich die Platte über eine Million mal verkaufte, sahen Ike und seine Musiker nur ganze zwanzig Dollar von den Einnahmen: Jackie Brenston, der angebliche Komponist von »Rocket 88«, hatte seine Rechte für 910 Dollar an den cleveren Sam Phillips verkauft.

Man hatte Ike übers Ohr gehauen, und er zog seine Lehren aus dieser Erfahrung. Er hatte ein für allemal begriffen, daß man im Musikgeschäft nicht mit Talent allein bestehen kann, sondern auch die geschäftliche Seite mit ihren Verträgen, Bestimmungen und Rechtsgrundlagen nie aus den Augen verlieren darf. Sein Mißtrauen gegenüber Managern, Tourneeveranstaltern und Plattenbossen, die alle von einem Künstler profitieren, wurde Ike sein Leben lang nicht mehr los. Auch später, als er große Erfolge feierte und viel Geld verdiente, vertraute er in geschäftlichen Dingen nur sich selbst und seinen Freundinnen, die er als Sekretärinnen, Roadmanagerinnen oder Buchhalterinnen einsetzte.

Dank seiner zahlreichen Kontakte stieß Ike schon bald auf eine neue Geldquelle. In B. B. Kings Plattenstudio in Memphis traf er auf Joe Bihari, der für die Plattenfirma Modern/RPM arbeitete. Bihari war ein Jäger – immer auf der Suche nach neuen Namen, neuen Sängern, neuen Bands. Als er mitbekam, daß Ike sich in den einschlägigen Musikkneipen des Südens gut auskannte, heuerte er ihn als Spürhund an. Ike sollte ihn zu den Musikern führen, die er für talentiert hielt und mit denen es sich lohnte, eine Platte zu machen. Gemeinsam nahmen die beiden für Biharis Firma Bluesgiganten wie Howlin' Wolf, Elmore James und natürlich jede Menge des schon damals legendären Bluesgitarristen B. B. King auf.

Plötzlich verdiente Ike Geld – mehr als je zuvor in seinem Leben. Modern Records bezahlten ihn gut für seine Dienste, und zum ersten Mal brauchte er sich keine Sorgen mehr darüber zu machen, wie er sich und seine Frau Bonnie mit der eigenen Musik über Wasser halten sollte. Bonnie und Ike hatten im Sommer 1953 geheiratet. Obwohl ihre Ehe nur von kurzer Dauer war, behielt Ike eine lebenslange unangenehme Erinnerung an seine erste Frau: Als er sich einmal die Ohren mit einer Haarnadel säuberte, stieß Bonnie ihn so unglücklich an, daß er sich das Trommelfell durchstach und auf einem Ohr taub blieb.

1954 beschloß Ike, den Sprung von Clarksdale nach St. Louis zu wagen. Er war noch immer mit seinen Kings of Rhythm zusammen, hatte aber eine neue Ehefrau, Annie Mae Wilson, an seiner Seite. Wie Bonnie vor ihr, spielte auch sie Klavier bei den Kings, übernahm aber schon bald mit Ikes Hilfe die Geschäfte der Band.

East St. Louis erwies sich mit seinen Dutzenden von Clubs als wahres Arbeitsparadies für die Kings of Rhythm: Es gab jede Menge Auftrittsmöglichkeiten und viele kleine Studios wie das Technosonic in Brentwood. Dort konnte Ike seine Plattenaufnahmen, die er bereits in Clarksdale begonnen hatte, fortsetzen. Er war ein echter Workaholic und hatte sich kaum Ruhepausen gegönnt. Jetzt zahlte sich sein Eifer aus, denn bald liefen seine Geschäfte so gut, daß er sich am Virginia Place ein eigenes Haus kaufen konnte. Es wurde unter dem Namen »Haus der tausend Reize« bald stadtbekannt, denn die Bandmitglieder hatten nicht nur eine Vorliebe für den Blues, sondern auch für Frauen.

Anfang der 50er Jahre erschien in den USA der erste Report des Sexualforschers Kinsey, der durch repräsentative Befragung von Männern aufzeigte, daß damals neunzig Prozent der Amerikaner vorehelichen Sex und Petting hatten. Was die amerikanischen Frauen zu diesem Thema zu sagen hatten, war in dem Buch allerdings nicht zu lesen.

Auch die Musikszene geriet in Bewegung. Aus dem Blues, dem Rhythm & Blues mit seinen unterschiedlichen Stilrichtungen und dem Rockabilly entwickelte sich der Rock 'n' Roll. 1954 erlebte Elvis Presley mit dieser neuen Musik seinen Durchbruch. Er avancierte zum Trendsetter einer weißen Jugend, die sich nach mehr Selbstverständlichkeit im Umgang mit Sex sehnte. Elvis unterstrich seine Musik mit eindeutig erotischen Posen, vor allem dem berühmt-berüchtigten Hüftschwung, der brave Teenager an den Rand des Nervenzusammenbruchs brachte. Schwarze Musiker wie Charlie Mingus, Miles Davis und Sun Ra wandten sich an ein anderes, eher an Kunst interessiertes Publikum und entwickelten den Free Jazz, bei dem der Rhythmus nicht mehr an einen Takt gebunden war, sondern frei schwebte.

Ike dagegen interessierte sich wenig für eine Weiterentwicklung seiner Musik; er blieb weiterhin dem Blues treu. Er lebte nun seit zwei Jahren in St. Louis, und in dieser Zeit hatten sich die Kings of Rhythm allmählich zum Stadtgespräch gemausert, obwohl sie nur wenige eigene Stücke in ihrem Repertoire hatten. Dafür konnten sie jeden Hit nachspielen. Das war in etwa der Zeitpunkt, an dem sich die Wege von Anna Mae Bullock und Ike Turner zum ersten Mal kreuzten. Anna Maes Schwester Alline hatte sich mit Gene Washington, dem Schlagzeuger der Kings, angefreundet, und wenn sie zu seinen Auftritten ging, nahm sie manchmal ihre jüngere Schwester mit. Ike gönnte dem damals knapp sechzehnjährigen Schulmädchen kaum mehr als einen flüchtigen Blick. Für seinen Geschmack war Anna Mae viel zu mager, hatte zu kleine Brüste und keinen Hintern. Jessie Knight, der Bassist der Kings, war da anderer Meinung. Ihm gefiel Anna Mae, und die beiden freundeten sich an.

Jedes Bandmitglied hatte eine Menge Freundinnen, aber die meisten hatte Ike. Die neue Ehe war für ihn kein Hindernis, seine Gunst auch anderen zu erweisen. Bei den Auftritten wurden ihm seine vielen Verehrerinnen allerdings manchmal lästig. Dann blieb er in den Pausen am Klavier sitzen, weil er ihnen nicht begegnen wollte.

Eines Nachts klimperte er selbstvergessen vor sich hin, und Gene Washington versuchte, Alline zum Mitsingen zu bewegen. Aber Alline, sonst nicht gerade schüchtern, wehrte sich dagegen.

Ganz anders Anna Mae. Sie hatte schon immer gern gesungen. Vor allem hatte sie großen Spaß daran, für andere eine kleine Show abzuziehen, wie sie das früher bei den Familienpicknicks in Nut Bush und auch später in Ripley nach den Kinobesuchen mit Margaret oft getan hatte. Seit sie die Kings of Rhythm kannte, hatte sie sich immer wieder ausgemalt, wie es wohl sein würde, mit so einer Band zu singen. Das war etwas anderes als der langweilige Kirchenchor. In ihren Träumen stand sie auf der Bühne und sang mit einer richtigen Band. Und plötzlich schien der Moment gekommen, wo sie sich diesen Traum wenigstens für einen kurzen Augenblick erfüllen konnte. Obwohl ihr das Herz vor Aufregung bis zum Hals schlug, zögerte Anna Mae keine Sekunde: Sie schnappte sich von Gene das Mikrophon und kletterte zu Ike auf die Bühne. Ike hatte dieses spillerige kleine Ding bisher nicht weiter beachtet, ihr höchstens einmal zugelächelt. Doch als sie nun den Mund aufmachte und ihn mit ihrer vollen, rauchigen Stimme zu B. B. Kings »You Know I Love You« begleitete, war das für Ike eine Offenbarung.

Der Blues war eine von Männern beherrschte Welt, wenn man von Sängerinnen wie Bessie Smith oder Billy Holiday absah. Aber sie waren die Ausnahme und nicht die Regel. Deshalb erregte eine weibliche Stimme in einer Bluesband besondere Aufmerksamkeit. Ike hatte seine Kings of Rhythm zu einer mittelmäßig erfolgreichen Band aufgebaut. Ihm war jedoch klar, daß er nur dann wirklich großen Erfolg haben würde, wenn sich die Kings of Rhythm von all den anderen, gleich guten Bands durch etwas Typisches unterschieden, das sonst niemand hatte. Ike wußte genau, daß es nicht genügte, nur gut zu sein, man mußte dem Publikum gleichzeitig etwas Besonderes bieten. Als er Anna Mae singen hörte, kam ihm schlagartig die Idee, sie in seine Band aufzunehmen.

Anna Mae hatte nicht im Traum damit gerechnet, daß Ike von ihrer Stimme begeistert sein könnte. Ihr war, als habe sich eine Tür geöffnet und ihr den Eintritt in eine völlig neue, aufregende Welt erlaubt. So begann sie eine Art Doppelleben: Tagsüber ging sie weiterhin brav auf die High School, und abends schlüpfte sie in die Rolle einer Sängerin. Das Publikum war aus dem Häuschen und zollte ihr die Anerkennung, nach der sie sich so lange gesehnt hatte. Die Leute mochten sie, obwohl sie nicht so aussah, wie es dem gängigen Schönheitsideal der Farbigen entsprach. Doch jetzt war es nicht mehr so wichtig, daß ihre Beine zu lang und zu dünn und ihr Hintern zu flach waren, denn es war ihre Stimme, die zählte, und die Art, wie sie sich auf der Bühne bewegte . . .

Ihrer Mutter erzählte sie nichts von ihrer Mitwirkung bei der heißesten Band der Stadt, denn Anna Mae befürchtete, daß Zelma nicht gerade begeistert reagieren würde. Als eines Tages jedoch Ikes Frau Anna Mae zu den Proben abholen wollte, flog die Sache auf. Zelma war schockiert und beunruhigt – ihre Tochter war noch keine achtzehn, und Zelma war echt besorgt, daß der allgemein bekannte lockere Lebenswandel der Musiker sich negativ auf ihre Jüngste auswirken könnte. Sie wollte für Anna Mae eine solide berufliche Ausbildung – vielleicht als Krankenschwester, weil ihre Tochter so gut mit Kindern umgehen konnte. Kurzerhand verbot sie ihr das Singen bei den Kings of Rhythm.

Anna Mae war darüber zutiefst enttäuscht. Sie mochte Kinder und arbeitete gern im Krankenhaus, aber was war diese alltägliche Routine gegen ein Leben als Sängerin? Die Auftritte fehlten ihr, nicht zuletzt auch deshalb, weil sie den Applaus und dieses prickelnde Gefühl, für ein paar Minuten im Rampenlicht zu stehen, genossen hatte. Auch Ike fehlte sie – nicht als Frau, sondern als Stimme, die seiner Band mehr Farbe gab. Und so erschien er eines Nachmittags unangemeldet bei den Bullocks und stellte sich Anna Maes Mutter vor. Die Kings of Rhythm hatten nämlich ein College-Engagement in Missouri, und Ike wollte Anna Mae unbedingt dabeihaben. An diesem Nachmittag zeigte sich, welchen Charme er entwickeln konnte, wenn es darum ging, eine Frau »rumzukriegen«. Zelma Bullock war von Ikes privatem Auftritt so hingerissen, daß sie Anna Mae erlaubte mitzufahren. Und nicht nur das: An den Wochenenden durfte sie auch wieder in East St. Louis auftreten.

Anna Mae war überglücklich. Nicht nur, daß sie wieder singen durfte – Ike behandelte sie auf dieser ersten Fahrt zu einem fremden Auftrittsort wie einen Star. Und damit sie in Missouri nicht nur stimmlich eine gute Figur machte, kaufte er Anna Mae ihre ersten Bühnenkostüme: knallenge, kurze, mit glitzernden Pailletten und Flitterkram besetzte Kleider. Anna Mae stieg auf die Bühne, als habe sie nie etwas anderes getan, und der College-Auftritt schlug ein wie eine Bombe.

Angespornt von diesem Erfolg, begann Ike, seinen neuen Schützling mehr und mehr als seine Fahrkarte zum Erfolg zu betrachten, die ihn aus St. Louis herausbringen würde. Er wußte genau, daß die Kings of Rhythm sehr gute Musiker waren, die jeden Rhythm-&-Blues-Song perfekt nachspielen konnten. Aber seine Band hatte so gut wie gar kein eigenes Material, und daher unterschieden sie sich weder optisch noch musikalisch von all den anderen Blues-Gruppen. Anna Mae gab den Kings of Rhythm etwas Besonderes, Einmaliges: Mit ihren siebzehn Jahren schaffte sie es, die tiefe, emotionale Kraft der Bluessängerinnen, wie LaVerne Baker oder Etta James, mit der ungezügelten Energie ihres eigenen Wesens zu verbinden. Obwohl sie von der Bühne aus die Männer durch ihren körperbetonten, wilden Tanzstil anmachte und provozierte, strahlte sie gleichzeitig eine unbekümmerte Naivität aus, die signalisierte: Ich will dir gefallen, aber ich will dich nicht verführen. Sie flirtete mit dem männlichen Teil des Publikums, daß die erotischen Funken nur so sprühten. Den Männern gefiel das und den Frauen auch, denn die spürten, daß Anna Mae keine Gefahr für sie darstellte. Als echte »Katzen-Geborene« liebte Anna Mae die Show und nahm das Publikum für sich ein, ohne ihre Tugendhaftigkeit einzubüßen. Und so wurde sie zum Zugpferd der Kings of Rhythm, die ohne ihren Auftritt bald nicht mehr denkbar waren.

A Fool In Love

»Die Clubs waren sehr unbequem – sehr heiß, riesige Menschenmengen, keine Belüftung. Der Schweiß floß in Strömen. Ich erinnere mich, daß sich beim Singen richtige Wasserpfützen zu unseren Füßen bildeten – so heiß war uns. Nur Hitze und Qualm und natürlich zwei Shows pro Abend.«
(Tina Turner 1986 in einem Radiointerview mit der BBC)

Die 50er Jahre waren eine Zeit des Aufbruchs und bereiteten einen gesellschaftlichen Umbruch vor. Über die Leinwände flimmerten Filmgöttinnen wie Marilyn Monroe und Liz Taylor. Die männlichen Filmidole waren Marlon Brando und James Dean, junge rebellische Typen, die in ihrer Männlichkeit durchaus gebrochen waren. Blue Jeans waren ein äußeres Erkennungszeichen der neuen Generation. Sie breiteten sich in den USA epidemieartig aus. Musiktechnisch war die Stereoschallplatte zu ihrem Siegeszug um die Welt angetreten; musikalisch triumphierte der Rock 'n' Roll.

Rock 'n' Roll war mehr als nur Musik. Rock 'n' Roll war eine Form des Widerstands, den die amerikanischen Jugendlichen der Welt der Erwachsenen entgegensetzten. Diese Welt war einerseits geprägt durch steigendes Wirtschaftswachstum, das breiten Teilen der Bevölkerung mehr Wohlstand brachte. Andererseits herrschte ein Klima der politischen Einschüchterung durch die McCarthy-Kommission, die amerikanische Bürger auf ihre Verfassungstreue hin überprüfte und die berüchtigte »Schwarze Liste« anlegte, die für kritische Menschen des Öffentlichen Lebens das »Aus« ihrer bisherigen Laufbahn bedeuten konnte. Viele bekamen Angst, ihren Job zu verlieren, paßten sich mit ihrer politischen Meinung bis zur Denunziation von Kollegen an oder schwiegen ganz.

Viele hatten auch Angst vor einem neuerlichen Kriegsausbruch. Eine atomare Auseinandersetzung zwischen den USA und der Sowjetunion war in greifbare Nähe gerückt, denn seit 1949 verfügte auch die Sowjetunion über Atom- und Wasserstoffbomben. Die beiden Supermächte, die in den 40er Jahren kriegsbedingt zusammengearbeitet hatten, entwickelten sich ideologisch und machtpolitisch immer weiter auseinander. Dieser Ost-West-Gegensatz führte zu einem permanenten kalten Krieg, der bis in die 80er Jahre hinein andauern sollte.

Den farbigen Amerikanern brachten die 50er Jahre keine großen Verbesserungen. Der Rock 'n' Roll war für einen Teil der weißen amerikanischen Jugend ein Mittel zur Identitätsfindung. Die jungen Schwarzen dagegen fanden im Rhythm & Blues ihren Gruppenausdruck. Theoretisch hätte auch der zeitgenössische Jazz diese Funktion erfüllen können, doch die neuen Trends des Jazz gipfelten in jenen Jahren im Bebop und Hardbop. Diese Stile entzogen sich durch ihre Kompliziertheit dem Verständnis der meisten Jugendlichen.

Auch wenn die Grenzen zwischen Schwarz und Weiß in der Kultur allgemein und besonders in der Musik nicht mehr so streng gezogen wurden, bestand immer noch die Rassentrennung. Das bedeutete, daß die Musik von Schwarzen, von wenigen Ausnahmen wie Nat King Cole oder Etta James abgesehen, immer noch überwiegend Musik für Schwarze war. An sogenannte »Crossover«-Erfolge, wie wir das heute von Michael Jackson oder Prince, Whitney Houston oder Diana Ross gewohnt sind, war damals überhaupt nicht zu denken.

1957 wurden den schwarzen amerikanischen Bürgern durch die »Civil Rights Act« die Bürgerrechte zugestanden. Aber erst sieben Jahre später, nämlich 1964, erhielten sie das volle Wahlrecht, und erst 1968 – das Jahr, in dem Martin Luther King ermordet wurde – durften sie dank der »Fair Housing Act« ihre Wohnung frei aussuchen. Ike Turner dachte für die damalige Zeit durchaus fortschrittlich. Was er wollte, waren Anerkennung und Erfolg, unabhängig von der Hautfarbe. Eigentlich war er kein politisch besonders aktiver Mensch, aber er bestand frühzeitig darauf, daß seine Kings of Rhythm möglichst nur in solchen Clubs spielten, in denen es keine Rassentrennung gab.

Inzwischen hatte er sich auch von seiner zweiten Frau getrennt, aber natürlich war er nicht lange allein geblieben. Er lebte nun mit der Tochter eines Wurstfabrikanten aus St. Louis, Lorraine Taylor, zusammen, die seine dritte Frau werden sollte. Die Beziehung zwischen ihm und Anna Mae war nach wie vor rein geschäftlicher Natur. Anna Mae hatte sich in Raymond Hill verliebt, den Saxophonisten der Kings of Rhythm. Sie hatte schon immer eine Schwäche für hellhäutige Männer gehabt, und außerdem hatte Raymond nicht so viele Affären wie die anderen. Im November 1957, gerade achtzehn Jahre alt, wurde sie schwanger. Ebensowenig wie Evelyn und Margaret vor ihr, kam es Anna Mae in den Sinn, das Kind abzutreiben. Im Gegenteil, sie zog in Ikes Haus am Virginia Place, wo auch Raymond lebte, und dachte ernsthaft über eine Heirat mit dem Vater ihres Kindes nach. Doch es kam anders. Raymond wurde durch einen Unfall gezwungen, aus der Band auszusteigen, und es dauerte nicht lange, da war er auch aus Anna Maes Leben verschwunden.

Das war der Punkt, an dem Lorraine ihr Mißtrauen gegenüber Anna Mae nicht länger zügeln konnte. Ihre Eifersucht war nicht unbegründet, denn Ike gab sich keine besondere Mühe, seine zahlreichen Affären geheimzuhalten. Was sich an jenem Abend genau abspielte, weiß außer den Beteiligten niemand. In ihrer Biographie schreibt Tina Turner, daß Lorraine plötzlich, mit einem Schürhaken und einer Pistole bewaffnet, in ihr Zimmer gestürmt kam und sie zur Rede stellte, wer denn nun der Vater ihres zukünftigen Kindes sei. Furchtbar erschrocken und eingeschüchtert erklärte Anna Mae, das sei Raymond Hill. Daraufhin schloß sich Lorraine im Badezimmer ein, und Anna Mae flüchtete sich völlig verängstigt zu Ike und erzählte ihm, was passiert war. Ike hastete zum Bad und schrie Lorraine an, doch mit dem Unsinn aufzuhören und herauszukommen. Sie drehte auch tatsächlich den Schlüssel um, doch dann hörte Ike ein ploppendes Geräusch, und als er atemlos die Tür aufstieß, mußte er entsetzt feststellen, daß Lorraine sich in die Brust geschossen hatte. Verwirrt wie er war, hob er die Waffe auf, auf der sich nun seine Fingerabdrücke befanden. Glücklicherweise blieb Lorraine am Leben, und da ihre Eifersucht bekannt war, ging die Polizei davon aus, daß sie in einem Anfall geistiger Umnachtung versucht hatte, Selbstmord zu begehen.

Nach jenem Zwischenfall hatte Anna Mae von dieser Ménage à trois erst einmal die Nase voll und kehrte zu ihrer Mutter zurück. Verständlicherweise war Zelma Bullock alles andere als glücklich über diese jüngste Entwicklung – hatte sie nicht von Anfang an ein schlechtes Gefühl dabei gehabt, daß ihre Tochter in die Musikbranche einstieg? Obwohl hochschwanger, bestand Anna Mae die Abschlußprüfungen an der High School, und am 20. August 1958 schenkte sie einem Sohn das Leben, den sie Craig nannte. Weil das Zusammenleben zwischen Mutter und Tochter immer spannungsreicher wurde, zog Anna Mae mit ihrem Baby in ein eigenes kleines Apartment.

Mittlerweile hatte Ike ihre Rolle in der Band immer weiter ausgebaut. Doch obwohl sie jeden Abend auf der Bühne stand, zahlte er ihr gerade fünfzehn Dollar die Woche. Damit sie und ihr Sohn überleben konnten, arbeitete Anna Mae tagsüber als Hilfskrankenschwester in der Wöchnerinnenabteilung des Barnes Hospitals. Ihr Tag war voll ausgefüllt: Sie hatte einen anstrengenden Job, mußte ein Baby versorgen und außerdem für die Show proben. Da blieb für Freizeitvergnügungen oder die Entwicklung eigener Interessen, die über das Singen hinausgingen, keine Zeit. Außerdem war sie sehr darum bemüht, ihren Verpflichtungen als Mutter gewissenhaft nachzukommen: »Ich war wirklich eine gute Mutter, glaube ich – ich sorgte für alle Vitamine, die besten Kleider und achtete stets darauf, daß man sich auf den Babysitter auch wirklich verlassen konnte.«

Auch Ike Turner waren Elternpflichten auferlegt worden. Am 3. Oktober des gleichen Jahres gebar ihm Lorraine Ike Junior. Anna Mae kehrte wieder in das Ziegelhaus am Virginia Place zurück, und trotz des vorangegangenen Eifersuchtsdramas gestaltete sich das Zusammenleben zwischen Ike und den beiden Frauen vorübergehend recht unproblematisch. Ike war nicht an Anna Mae interessiert, und sie hatte ihrerseits ohnehin erst einmal genug von den Männern. »Wir kommunizierten über Musik«, erinnert sie sich in ihrer Biographie. »Ich liebte alles, was er spielte, und ich konnte seine Ideen so singen, wie er sie im Kopf hörte.« Ike entwickelte sich mehr und mehr zu Anna Maes Lehrer. Er machte sie mit den Bluesgrößen der damaligen Zeit bekannt: Howlin' Wolf, Big Mama Thornton und anderen. Anna Mae kannte keine von ihnen. Da sie keine Vorbilder hatte, sang sie lange Zeit so, wie sie selbst es für richtig hielt. Sie mochte Sängerinnen wie LaVerne Baker, aber sie machte nie den Fehler, andere zu kopieren.

Doch es blieb nicht bei dem rein freundschaftlichen Verhältnis zwischen Ike und Anna Mae. Eines Tages, Ike hatte sich gerade für einige Zeit von Lorraine getrennt, schliefen die beiden zum ersten Mal miteinander. Danach wurde alles anders. Anna Mae war nie der Typ Frau gewesen, der nur daran interessiert ist, sexuelle Erfahrungen zu sammeln. Für sie hatte Sex immer etwas mit romantischen Gefühlen zu tun, und wenn man sie in den Armen eines Mannes sah, dann hatte das mehr zu bedeuten als eine flüchtige Bettgeschichte. Doch während Anna Mae allmählich tiefere Gefühle für Ike entwickelte und ihn bewunderte, weil er ihr durch seine Musik eine neue Welt eröffnet hatte, betrachtete Ike sie nach wie vor als eine von vielen. Daran änderte sich auch nichts, als sie Anfang 1960 ein Kind von ihm erwartete. Im Gegenteil: Ike beschloß daraufhin, Lorraine zurückzuholen, die ihm am 23. Februar 1959 einen zweiten Sohn namens Michael geboren hatte. Immerhin blieb Anna Mae Ikes »Lieblingsfreundin«.

In den Monaten, in denen Lorraine fort gewesen war, hatte Anna Mae gehofft, daß aus ihrem Verhältnis mit Ike mehr werden könnte als eine Affäre. Nun war sie von ihm schwanger, aber er hielt nicht zu ihr, sondern kehrte zu seiner »Hauptfrau« zurück. Dabei erwartete er ganz offensichtlich, daß aus der Geliebten Anna Mae wieder die kleine Freundin wurde, die keine Ansprüche stellte. Doch Anna Mae spielte nicht mit. Sie zog erneut aus und mietete sich ein eigenes bescheidenes Häuschen. Viel Zeit für ihren Sohn blieb ihr wegen der vielen Auftritte in Colleges und Clubs nicht, aber sie fand eine zuverlässige Frau, die sich tagsüber um Craig kümmerte.

Der arbeitswütige Ike war inzwischen dabei, die Aufnahmen für ein Stück mit dem Titel »A Fool In Love« vorzubereiten. Doch Art Lassiter, der sich besonders durch Coverversionen von Ray-Charles-Stücken einen Namen gemacht hatte und der nun den »verliebten Narren« singen sollte, tauchte nicht zum verabredeten Studiotermin auf. Ike geriet in Panik, weil er nicht wußte, wie er Art ersetzen sollte. Da er das Studio nicht wieder absagen wollte, entschloß er sich spontan, Anna Mae das Stück singen zu lassen. Anna Mae tat ihm den Gefallen, obwohl ihr das Lied – eine laszive, langsame Bluesnummer mit Gospelelementen – nicht besonders gefiel. Eines der Demo-Bänder, die Ike an die Plattenfirmen geschickt hatte, landete bei Sue Records in New York. Der Besitzer der Firma, ein Mann namens Henry »Juggy« Murray, war von der Aufnahme so begeistert, daß er sie Ike für 25 000 Dollar abkaufte. Murray war es auch, der ihm vorschlug, Anna Mae als Star der Kings of Rhythm aufzubauen.

Ike ließ sich diesen Vorschlag durch den Kopf gehen und kam zu mehreren Schlüssen. Den Erfolg, den er sich so sehnlich wünschte, hatte er bisher nicht erreicht. Er sah aber auch, daß die Kings of Rhythm beim Publikum besser ankamen, seit Anna Mae dabei war. Deshalb war es möglicherweise eine gute Idee, diese reine Männerband aufzulösen und etwas ganz Neues zu wagen. Ike eröffnete Anna Mae, daß »A Fool In Love« nicht länger mit den Kings of Rhythm, sondern unter einem ganz neuen Namen veröffentlicht werden sollte: Ike & Tina Turner. Auf Tina war er gekommen, weil er schon als kleiner Junge ganz versessen auf diese weißen, langhaarigen Dschungelgöttinnen (eine von ihnen hieß Sheena!) war, die er aus den Samstagsnachmittagsvorstellungen der Kinos kannte.

Anna Mae begeisterte dieser Vorschlag überhaupt nicht. Inzwischen hatte sie sich ernsthaft in Ike verliebt, aber sein Verhalten machte mehr als deutlich, daß er ihre Gefühle nicht so erwiderte, wie sie sich das wünschte. Deshalb hatte sie Angst, daß ihre Abhängigkeit von Ike immer größer werden könnte. Nicht nur, daß sie sein Kind erwartete, nun gab er ihr auch noch einen anderen Namen und eine neue Bühnenidentität, die mit ihr nichts zu tun hatten. Aber Anna Mae wollte singen. Sie brauchte den Rummel um ihre Person. Hätte sie gekonnt, was Ike scheinbar spielend fertigbrachte, nämlich Geschäftliches und Persönliches zu trennen und sich nicht in den eigenen Gefühlen zu verstricken, dann wäre wohl vieles anders gekommen. So schuf sich Ike Turner seine ganz persönliche Wunschfrau und formte Anna Mae Bullock allmählich in Tina Turner um.

»A Fool In Love« erschien im Sommer 1960 und stieß auf überraschend positive Resonanzen. Die Single wurde im Radio gespielt, wie überhaupt schwarze Musik auf ein ständig größer werdendes Interesse bei einem gemischten Publikum stieß. Eine besondere Rolle kam WLAC zu, einem Sender in Nashville, der sogar in Texas, Florida und New York empfangen werden konnte. Die Musik, die WLAC spielte, war etwas ganz anderes als die herzigen Schnulzen von weißen Sängerinnen wie Connie Francis oder Brenda Lee. Die schwarzen Sängerinnen des Rhythm & Blues waren eine Kategorie für sich: Sie klangen wie Verführerinnen – stark, provozierend und ein bißchen verrucht. Anna Mae Bullock, aus der nun Tina Turner geworden war, hatte gegen dieses Image nichts einzuwenden, denn es trug mit dazu bei, ihren Erfolg zu begründen. Daß sie privat eine ganz andere Frau war, ging die Öffentlichkeit nichts an.

»A Fool In Love« war auf dem besten Weg, ein Riesenhit zu werden, als etwas geschah, womit niemand gerechnet hatte: Tina erkrankte an infektiöser Gelbsucht und mußte ins Krankenhaus. Das brachte Ikes Pläne völlig durcheinander. Da die Platte so erfolgreich war, konnte er Tina nicht mehr durch eine andere Sängerin ersetzen. Ob er es wollte oder nicht: Tina spielte nun auch in seinem Leben eine wichtige Rolle. Um weiterzukommen, war er plötzlich von ihr abhängig. Und das gefiel ihm überhaupt nicht. Doch jetzt ging es erst einmal vordringlich darum, Tina trotz allem zu Auftritten zu bewegen, solange »A Fool In Love« noch in aller Ohren war.

Also besuchte er Tina im Krankenhaus. Es ging ihr nicht sehr gut: Ihr Gesicht und ihre Augen waren gelb, sie hatte hohes Fieber, und sie war schwanger, und natürlich hatte sie Angst, daß sich die Krankheit negativ auf die Gesundheit ihres Babys auswirken könnte. Trotzdem kam Ike gleich zur Sache: Er erklärte Tina, daß sie sich nun lange genug ausgeruht habe und daß es allmählich an der Zeit sei, daß sie zurückkomme, denn er habe einige Jobs organisiert. Tina fühlte sich nach drei Wochen im Krankenhaus immer noch sehr müde und schlapp, aber sie war auch nicht der Typ, der gern untätig herumlag. Außerdem hatte sie im Radio immer wieder ihre erste Platte gehört, und es ärgerte sie, daß sie ihren frischen Ruhm nicht genießen konnte. Ike mußte keine große Überredungskunst anwenden, um sie dazu zu bewegen, vorzeitig aus dem Krankenhaus zu verschwinden. Natürlich kam er nicht selbst, um sie abzuholen, sondern schickte einen Fahrer mit einigen Kleidern, und Tina schlich sich heimlich aus dem Krankenhaus. Sie ging jedoch nicht zu Ike, sondern kehrte in das kleine Haus zurück, das sie gemietet hatte.

Während Tinas Krankenhausaufenthalt war Ike nicht untätig geblieben. Er hatte sich nach Sängerinnen umgesehen, die auf der Bühne diesen ganz speziellen Sound wiedergeben konnten, für den »A Fool« inzwischen stand – dieses »Whooheey – ee«, ein schrilles Crescendo aus weiblichen Stimmen. Er fand sie in Robbie Montgomery, einer Gospelsängerin von der Ostküste namens Vanetta Fields sowie in Jessie Smith, die aus St. Louis stammte. Jetzt mußte er seinen Mädchen nur noch einen Namen geben, und weil Ray Charles damals in Rhythm-&-Blues-Kreisen mit seinen Raelettes sehr erfolgreich war, nannte Ike das Frauentrio Ikettes. »A Fool In Love« entwickelte sich zu einem nationalen Hit, der bis auf den zweiten Platz der Rhythm-&-Blues-Charts stieg.

Aus den Kings of Rhythm war die »Ike & Tina Turner Revue« geworden, deren neuer Erfolg ihnen die Tür zu größeren Hallen und Theatern öffnete. Und am 3. Oktober 1960 traten sie in Dick Clarks »American Bandstand« auf, einer Fernsehshow, die überall in den USA ausgestrahlt wurde.

Ike war stolz auf diesen Erfolg. Da war er also endlich, der große Hit, nach dem er sich sein ganzes Leben gesehnt hatte. Daß Tina einen großen Anteil an diesem Triumph hatte, schien Ike vollkommen vergessen zu haben. Er teilte den Erfolg nicht mit ihr – im Gegenteil, er sah sie kaum noch an.

Tina war inzwischen hochschwanger. Damit ihr Zustand dem Publikum nicht allzusehr auffiel, trat sie nur noch in sackartigen

Umstandskleidern auf, die sie mit Chiffonbändern und Stoffblumen schmückte.

Selbst hartgesottene Burschen entwickeln als werdende Väter oft einen gewissen Beschützerinstinkt für ihre Frau und den zu erwartenden Nachwuchs. Nicht so Ike Turner. Offenbar hielt er alles, was mit Kinderkriegen verbunden war, für reine Frauensache und fühlte sich folglich auch nicht verantwortlich dafür. Als es sich nicht länger verbergen ließ, daß Tina ihr Baby bald zur Welt bringen würde, brach er die Auftritte ab und fuhr mit ihr nach Los Angeles. Hier versprach er sich bessere Arbeitsmöglichkeiten.

Am 27. Oktober 1960 schenkte Tina ihrem zweiten Sohn, Ronald Renelle, das Leben. Bezeichnenderweise war Ike während der Geburt nicht anwesend und tauchte auch am nächsten Tag nicht auf, um Mutter und Kind in die Arme zu schließen. So hatte Tina sich die Beziehung zu einem Mann nicht vorgestellt. Sie hatte mehr und mehr das Gefühl, daß Ike sie gar nicht als eigenständige Person betrachtete, sondern lediglich als fremdes Lebewesen wahrnahm, als Haustier oder etwas ähnliches, das man beliebig hin und her schubsen konnte.

Trotzdem wußte sie, daß sie für Ike wichtig war, wichtiger als alle anderen Frauen in seinem Leben, denn sie war Tina Turner, der Star, den er für die Bühne geschaffen hatte, und Ike brauchte sie. Aber mit Liebe hatte das alles nichts zu tun. Im Radio wurde immer noch »A Fool In Love« gespielt, und genau so kam Tina sich auch vor.

Not Enough Romance

»Inzwischen weiß ich, daß ich in diesen Jahren nicht mehr als eine Marionette war, die Ike nach Belieben bediente. Natürlich bin ich auch heute noch auf einige Songs stolz, dabei fühle ich mich für diese Zeit nicht einmal verantwortlich. Ich hatte überhaupt keinen Einfluß, war naiv und willig.«
(Tina Turner 1985 in einem Interview mit der »Musik Szene«)

Anfang der 60er Jahre setzte sich in den USA ein völlig neuer Tanzstil durch: der Twist. Zum ersten Mal bewegten sich die Paare auf der Tanzfläche, ohne einander zu berühren. Statt sich an genauen Schrittfolgen zu orientieren, konnte man hier frei improvisieren und sich so bewegen, wie man sich gerade fühlte. Die neue Lust am Tanzen war mit ein Grund dafür, warum die Ike & Tina Turner Revue so beliebt war. Hier wurde dem Publikum auf der Bühne eine atemberaubende Show geboten, aber gleichzeitig konnte man auch selbst lostwisten, wenn einem der Sinn danach stand.

Die nächste Single der Ike & Tina Turner Revue hieß »It's Gonna Work Out Fine«, und auch sie wurde ein Riesenhit. Der Erfolg bescherte Ike nicht nur so viel Geld, wie er nie zuvor besessen hatte, er beflügelte auch seinen Ehrgeiz. Die Szene in St. Louis wurde ihm zu kleinstädtisch, und so beschloß er, nach Los Angeles zu ziehen – dorthin, wo die Stars gemacht wurden.

Was Tina von dieser Entscheidung hielt, wollte er gar nicht erst wissen. Seine Frauen, Freundinnen und Geliebten interessierten ihn nur als Objekt der Begierde. Immerhin traute er seinen Frauen Köpfchen und Geschäftssinn zu, und so beauftragte er sie mit Se-

Ike und Tina in den frühen Sechzigern
(Foto: Archiv Norbert Hess, Berlin)

kretariats- und Buchhaltungsaufgaben, denn er hatte seit dem Desaster von »Rocket 88« das Vertrauen in professionelle Geschäftemacher verloren.

Tina fühlte sich durch diesen Egoismus und Ikes Gefühlskälte verletzt und gekränkt. Aber sie war nicht der Typ Frau, der Trost in den Armen eines anderen Mannes sucht oder sein Herz einer Freundin ausschüttet. Dabei hätte sie Grund genug gehabt, denn ihr Leben bestand in dieser Zeit überwiegend aus Arbeit, Arbeit und wieder Arbeit. Es gab so gut wie keine Ruhepausen in diesem endlosen Kreislauf von Proben und Tourneen. Oft lagen die Orte, in denen die Revue gastierte, bis zu 700 Meilen weit auseinander. Folglich sahen die beiden kleinen Söhne, die in St. Louis lebten, ihre Mutter nur sehr selten, denn wenn die Show nicht auf Reisen war, wurde in irgendeinem Studio eine weitere Platte aufgenommen, oder es wurden neue Schritte für die abendlichen Auftritte geprobt.

Auf einer dieser Reisen entdeckte Tina ihre Vorliebe für langhaarige schwarze Perücken. Allerdings geschah das eher unfreiwillig: sie hatte sich die Haare mit einem Bleichmittel aufhellen wollen, die Chemikalien aber zu lange einwirken lassen, so daß die Haare ihr büschelweise ausfielen. Völlig fassungslos stand sie vor dem Spiegel und starrte entsetzt auf ihren halb kahlen Kopf. Natürlich konnte sie so nicht auftreten, aber warum sollte sie es nicht mit einer Perücke probieren? Von da an wurden die langen künstlichen Mähnen zu ihrem Markenzeichen.

Ike nahm diese äußere Verwandlung kaum zur Kenntnis. Was für ihn zählte, war einzig und allein der Erfolg. Sich selbst auf der Bühne in Szene zu setzen, war seine Sache nicht. Er war ein guter Gitarrist und Klavierspieler, doch so selbstsicher und machohaft, wie er sich privat gab, so unsicher fühlte er sich auf der Bühne. Er haßte es, wenn die Leute ihn anstarrten und fühlte sich am wohlsten, wenn er mit dem Rücken zum Publikum spielen konnte.

Aber er hatte ja Tina. Ohne daß es ihr bewußt war, besaß sie eine starke erotische Ausstrahlung und jede Menge Sex-Appeal. LaVerne Baker beherrschte die Kunst des Flirtens, und Etta James war eine wuchtige Powerfrau, die die Männer lieber aus der Ferne bewunderten. Beide hatten sicherlich bessere, charakteristischere Stimmen als Tina. Aber Tina war auf der Bühne wie ein Vulkan – eine unbezähmbare, gefühlsbetonte Tigerin, die zu provozieren verstand, ohne es wirklich darauf anzulegen. Trotz aller erotischen Elemente, die ihre Show enthielt – die kurzen, knallengen Kleider, die hochhackigen Schuhe –, achtete sie schon damals genauestens darauf, daß keine wirklich obszönen Bewegungen oder Tanzschritte gemacht wurden. »Ganz egal, was die Leute behaupten, wir versuchen immer, alles so züchtig wie möglich zu gestalten. Es sind keine Stripperbewegungen erlaubt. Ich bewege meine Hüften immer nur seitwärts und nie nach vorn. Es gibt keine billigen Aufforderungen sexueller Art«, erklärte Tina in einem Interview mit dem Londoner »New Musical Express«.

Erfolg ist etwas sehr Vergängliches, und nirgends ist die Gefahr von der Bildfläche zu verschwinden größer als in der Musikszene

Wuchtige Powerfrau: Etta James (Foto: © Norbert Hess, Berlin)

Links: Beherrschte die Kunst des Flirtens – LaVerne Baker

– besonders dann, wenn man nicht einen Hit nach dem anderen produziert. Ike und Tina Turner verschwanden ebenso schnell wieder aus den Charts, wie sie aufgetaucht waren. Die Songs, die Ike früher bei den Kings of Rhythm geschrieben hatte, gingen auf den Blues des Mississippi-Deltas zurück, von dem er in seiner Jugend geprägt worden war. Aber Ikes Ehrgeiz war größer als sein

Talent fürs Komponieren. Die Stücke, die er nun schrieb, machten seine künstlerischen Grenzen deutlich.

Auch Tina wurde immer unzufriedener mit den Liedern, weil sie ihr keine Möglichkeit boten, ihre Stimme voll zu entfalten. Ike hatte es am liebsten, wenn sie möglichst laut und schrill frei improvisierte, denn ohne ihren Gesang waren seine Stücke leblos und tot.

Deshalb wollte sich trotz der harten Arbeit der ganz große Durchbruch für die Ike & Tina Turner Revue nicht einstellen. Ike war ein unermüdliches Arbeitstier, das sechzehn Stunden am Tag schuften konnte, und er stellte ebenso hohe Ansprüche an Tina und seine Musiker. Doch weil sich dieser enorme Einsatz nicht so auszahlte, wie Ike sich das vorstellte, wurde er in seinen Launen immer unberechenbarer. Darunter hatte besonders Tina zu leiden. Immer wieder kam es zu gewalttätigen Auseinandersetzungen, in deren Verlauf Ike sie mit allem, was ihm in die Finger kam, schlug. In ihrem Buch »Ich, Tina« erinnert sie sich, daß Ike oft am Tisch saß, mit den Fingern trommelte, sie anstarrte und behauptete, sie würde ihn verarschen: »Dann wußte man, daß es mal wieder soweit war und man einiges zu erwarten hatte. Wie aus heiterem Himmel sprang er plötzlich von der Couch auf, kam auf einen zu und – rrrummms! Und man fragte: Was ist los? Hab ich was falsch gemacht? Und wieder rrrummms! Es war der totale Wahnsinn. Es kam soweit, daß ich ständig ein blaues Auge und eine aufgeplatzte Lippe hatte. Er schlug mich mit Schuhspannern, Schuhen, mit allem, was ihm in die Hände fiel. Und danach wollte er immer Sex von mir. Es war die reinste Folter.«

Bei seinen anderen Frauen war Ike weit weniger gewalttätig, doch bei Tina setzte irgend etwas in ihm aus. Das hatte zur Folge, daß die zärtlichen Gefühle, die Tina einmal für Ike empfunden hatte, nun der nackten Angst Platz machten. Es war nicht nur die Angst vor Ike und davor, was er tun könnte, falls sie ihn verlassen sollte. Es war auch die Angst vor einem neuen Anfang, einem Leben ohne die Bühne. Tina hatte zwar die High School abgeschlossen, aber sie besaß keine Ausbildung und keine Erfahrung in einem »richtigen« Beruf, wenn man von dem Job als Hilfskrankenschwester einmal absah. Dafür hatte sie zwei kleine Kinder aufzuziehen, denn daß Ike im Trennungsfall für seinen Sohn sorgen würde, damit war nicht zu rechnen. So zog Tina sich mehr und mehr in sich selbst zurück. Doch während sie Ikes Launen still ertrug, mochten sich viele von Ikes Musikern mit seiner Unberechenbarkeit nicht abfinden und verließen die Revue nach kurzer Zeit wieder, um sich einen anderen Job zu suchen.

1962 schien Ike zu spüren, daß er Tina nicht mehr lange an sich binden konnte, wenn er so weitermachte wie bisher. Ihm war nicht verborgen geblieben, daß sie unglücklich über die Beziehung mit ihm war. Anstatt sein Verhalten zu überdenken, ging er nun taktisch vor: Er überlegte sich, daß Tina sich stärker an ihn gebunden fühlen würde, wenn er sie heiratete. Wie wenig ernst er ihre Gefühle nahm, zeigt sich allein schon an der Art und Weise der Eheschließung, die im mexikanischen Tijuana erfolgte. Außerdem war Ike noch mit Lorraine Taylor verheiratet, von der er sich erst 1974 scheiden ließ. Und mit Romantik hatte diese seltsame Zeremonie auch nichts zu tun: »Wir fuhren eine Weile herum, und dann gelangten wir in eine winzige, enge, finstere Straße, und dort hing ein Schild, darauf stand TRAUUNG. In dem Haus war es staubig und dreckig, und ich erinnere mich nur noch an so einen seltsamen Typen, der mir ein Stück Papier unter die Nase hielt und meinte, ich solle unterschreiben. Und dabei dachte ich: So sieht also meine Hochzeit aus.«

Diese merkwürdige Eheschließung verwunderte viele. Eigentlich hatte Tina Ike auch gar nicht heiraten wollen. Daß sie schließlich ja sagte, hing sicher in erster Linie mit wirtschaftlichen Überlegungen zusammen. Die Arbeitslosenquote unter Frauen war in den Staaten damals sehr hoch, und für eine farbige Frau, die noch dazu nichts gelernt hatte, blieben im Grunde nur Aushilfsjobs als Putzfrau, Kellnerin oder Hausangestellte. Damit ließ sich kaum genug Geld verdienen, um ihrer Familie einen gewissen Lebensstandard zu ermöglichen. Vielleicht willigte Tina aber auch in diese Ehe ein, weil sie immer noch die Hoffnung hatte, Ike könne sich ändern.

Girls

»*Ich bin ziemlich romantisch, glaube ich. Deshalb stehe ich auch überhaupt nicht auf flüchtige Abenteuer. Ich möchte schon von einem Mann umworben werden. Wenn man mich im Arm eines Mannes sieht, dann hat das schon etwas zu bedeuten. Ich gehe nicht mit einem Mann aus, nur um der Gesellschaft willen.*«
(Tina Turner in ihrer Biographie »Ich, Tina«)

In den 60ern tat sich einiges in der Musikszene. Weiße Musiker diesseits und jenseits des Atlantiks fingen an, sich für den schwarzen Blues zu begeistern. Ihr Interesse kam daher, daß auf die hohe Kunst des Gitarrenspielens im Blues besonderer Wert gelegt wurde, und Musiker wie Muddy Waters, B. B. King und T. Bone Walker brachten es auf diesem Instrument zu wahrer Meisterschaft. Besonders im Süden der USA gab es mit Gitarristen wie Johnny Winter aus Texas weiße Musiker, denen der Blues in Fleisch und Blut übergegangen war.

Mitte der 60er Jahre schwappte aus England eine große Musikwelle über den Atlantik nach Amerika. Auf ihrer Spitze schwammen die Beatles, die für frischen, sauberen Pop standen, und die Rolling Stones, die sich dem ruppigen Straßenblues verschrieben hatten. Auch andere europäische Musiker hatten begonnen, den Blues für sich zu entdecken – da waren z. B. The Animals und Chris Farlowe.

Während der Begriff Rhythm & Blues bisher alle Musik zusam-

Vulkan auf der Bühne: Tina Turner

mengefaßt hatte, die von Farbigen für Farbige gemacht wurde, wurden diese Grenzen nun immer fließender.

Daneben hatte sich in den USA ein Musikstil gebildet, der besonders für die farbigen Amerikaner eine große Bedeutung hatte: der Soul. Er hatte seine Wurzeln im religiösen Gospelgesang und im Blues und war zunächst eine Musik von Farbigen für Farbige. Hervorragende Interpreten dieser Richtung waren Aretha Franklin, James Brown, Otis Redding und Wilson Pickett.

Daß der Soul Mitte der 60er Jahre so populär werden konnte, hing mit der Invasion der britischen Musiker zusammen. 1963 hatte es in den Hitlisten nicht eine einzige britische Band gegeben, aber schon ein Jahr später fanden sich unter den Top 100 mehr als dreißig britische Gruppen. Viele von ihnen orientierten sich am Rhythm & Blues oder coverten alte Bluestitel. Aber die schwarzen Plattenkäufer hatten kein Interesse an Zweitauflagen von Songs, die sie schon kannten, und sie fanden auch wenig Gefallen daran, daß weiße Musiker jetzt verstärkt die Techniken des Rhythm & Blues kopierten. Originale Musik war ihnen lieber, und so wandte sich das farbige Publikum zunehmend den Soul-Interpreten zu.

Obwohl die USA mit brutalen Bombardements in den Vietnamkonflikt eingegriffen und damit weltweite Proteste vor allem unter jungen Leuten ausgelöst hatten, waren die 60er auch eine Periode der Hoffnung. Hippies und Flower-power waren äußere Anzeichen dafür, daß Musik zumindest in den Köpfen der Menschen etwas verändern konnte. Ein solches Gefühl der Erwartung einer friedlicheren, besseren Zukunft löste der Soul beim schwarzen Publikum aus. Die Hoffnung auf Gleichheit wurde besonders durch Martin Luther King genährt, der 1964 für seine Bemühungen um die Gleichstellung seiner farbigen Mitbürger den Friedensnobelpreis erhielt.

Als sich die Modewirkung der britischen Bands um 1967 wieder zu legen begann, gewann der Soul auch beim weißen Publikum viele Fans. Inzwischen hatten nämlich die Plattenfirmen entdeckt, daß mit Musikstilen, die sich an der Kultur der Farbigen orientieren, Geld zu verdienen war. Immer mehr Plattenfirmen richteten deshalb eigene Abteilungen ein, die für Soul zuständig waren. Farbige in wichtigen Positionen der Musikindustrie waren nun keine Seltenheit mehr.

Ikes Vertrag mit Sue Records in New York war gerade ausgelaufen, aber die Firma machte ihm aufgrund dieser Entwicklung ein neues Angebot und zahlte ihm 40 000 Dollar Vorschuß. Für die damalige Zeit war das eine enorme Summe. Endlich war Ike in der Lage, sich sein Traumhaus zu kaufen – ein mehrstöckiges Ranchgebäude in einem überwiegend von Weißen bewohnten Stadtteil von Los Angeles. Dort richtete er sich ein kleines Studio ein, das er im Lauf der Jahre erweiterte und mit den neuesten technischen Geräten ausstattete.

Jetzt konnte das Paar auch seine Kinder aus St. Louis zu sich holen. Ikes beide Söhne, Tinas Sohn Craig und Ronald Renelle, den das Paar gemeinsam hatte, waren bisher von verschiedenen Kindermädchen und Ikes Frau Lorraine betreut worden. Auch wenn es den Kindern an materiellen Dingen sicher nicht gemangelt hatte, waren sie doch für ihr Alter noch recht unselbständig. Nun lebten sie in ihrem neuen Zuhause zwar bei ihren Eltern, aber im Grunde hatte sich wenig für sie geändert. Ike und Tina mußten ihre Betreuung wieder anderen überlassen, weil die Revue praktisch das ganze Jahr über unterwegs war: Erst kamen neunzig Engagements in Los Angeles mit Ausflügen nach San Francisco und San Diego. Danach tingelten sie für ebenso viele Termine durch die amerikanische Provinz, und schließlich fing wieder alles von vorne an. Es war kein sehr glamouröses Leben – jedenfalls nicht so, wie Tina sich das in ihren Jungmädchenträumen ausgemalt hatte. Die Clubs waren klein und schäbig, die Garderoben kaum mehr als eine Rumpelkammer mit einem Nagel an der Wand für die Kostüme und einer nackten Glühbirne.

Die vielen Reisen machten natürlich eine perfekte Organisation notwendig. Da Ike nach wie vor alle Fäden am liebsten selbst in der Hand hielt, konnte er sich nicht dazu entschließen, die Tourbuchungen – wozu das Reservieren der Hotelzimmer, das Buchen der Konzerte und die ständigen Auseinandersetzungen mit Clubbesitzern um die Gage gehörten – einer professionellen Agentur zu überlassen. Ike übertrug diese Aufgabe seiner Bekannten Ann Cain. Sie war in Tinas Alter und hatte eine ähnliche Vergangenheit wie Tina. Ike hatte sie 1963 in einem Club in Los Angeles kennengelernt. Ann war ehrgeizig und clever, und vor allem war sie ebenso musikbesessen wie Ike.

Ike stellte Ann Cain als Haushälterin und Betreuerin für die Kinder ein. Auch Tina mochte das Mädchen, weil sie das Gefühl hatte, daß ihre Jungen durch Ann Cain zum ersten Mal eine richtige Erziehung bekamen. Doch Ike fand schnell heraus, daß Ann ihm mit ihrem wachen Verstand in seiner Buchungsagentur viel nützlicher sein konnte. Hier zeigt sich wieder, daß ihm seine geschäftlichen Belange wichtiger waren als die eigene Familie. Obwohl die vier Jungen inzwischen zu Ann Vertrauen gefaßt hatten, hatte Ike keine Bedenken, sie einem neuen Kindermädchen anzuvertrauen und Ann in seiner Agentur »Spudnick« einzusetzen. Spudnick betreute nicht nur die Ike & Tina Turner Revue. Sie übernahm auch das Buchen von Engagements für auswärtige Musiker.

Tina war über diese Entwicklung alles andere als glücklich. Ikes zahlreiche Affären waren ihr nicht verborgen geblieben, doch mit Ann Cain verhielt es sich offenbar anders. Diesmal war die Frau der aktive Part, und Tina war eifersüchtig und höchst verärgert darüber, daß sich das alles vor ihren Augen abspielte. Als sie dann auch noch erfahren mußte, daß Ann ein Kind von Ike erwartete, fühlte sie sich nicht nur von ihrem Mann, sondern auch von einer guten Freundin verraten. Ike nahm immer weniger Rücksicht auf ihre Gefühle, und sie empfand es als tiefe Demütigung, daß er sich nicht einmal die Mühe machte, seine Freundinnen von ihr fernzuhalten. Aber wenn sie ihm Szenen machte, hatte das nur zur Folge, daß er sie verprügelte. Ändern wollte er sich ganz offensichtlich nicht.

1964, als Ann Cain sich fest als Tourmanagerin etabliert hatte, tauchte mit Rhonda Graam eine weitere von Ikes unzähligen Freundinnen auf. Sie war zwanzig Jahre alt, weiß und total verrückt nach Musik. Sie ging häufig in Clubs, in denen Rhythm & Blues gespielt wurde, und war der Revue zwei Jahre lang als Fan gefolgt. Irgendwie gehörte sie schon beinahe dazu, und als sie schließlich ihren Job verlor, weil sie mehr Zeit mit der Band als im Büro verbracht hatte, stellte Ike sie ein – und es lief wieder derselbe Film ab wie zuvor mit Ann Cain. Zunächst arbeitete Rhonda als Kindermädchen, dann stieg sie ins Tourmanagement ein.

Ike bewies immer ein sicheres Gespür für intelligente, hübsche Frauen, aber die Leidtragenden waren die Kinder. Sie hatten nie genug Zeit, sich auf eine Betreuerin einzustellen, und machten die Erfahrung, daß es sich auch gar nicht lohnte, eine von ihnen gern zu haben, weil sie ohnehin nie lange blieben.

Mitte der 60er Jahre kam Ike zum ersten Mal mit Kokain in Berührung, eine Droge, an die er sich rasch gewöhnte. Tina haßte es, wie Leute sich gebärdeten, wenn sie unter Alkohol- oder Drogeneinfluß standen. Aber auch Tina Turner kam nicht an den Drogen vorbei. Ike steckte ihr regelmäßig das Aufputschmittel Benzedrin zu, wenn ihre Stimme während der langen Aufnahmesessions zu versagen drohte.

»Wenn Ike Aufnahmen machte, dann mußte ich singen – heiser oder nicht. Deshalb mußte ich die Bennies nehmen. Aber ich schluckte sie nie, weil ich es wünschte oder weil ich es genoß. Ich wußte, daß ich etwas brauchte, um mit meinem Leben zurechtzukommen. Etwas, das mir half, einen Ausweg zu finden. Aber ich wußte auch, daß ich es mit Drogen niemals schaffen würde«, erinnert sich Tina in ihrer Biographie an diese Zeit. Schon damals war ihr klar, daß sie sich nur auf ihre eigene Kraft verlassen konnte, wenn sie etwas in ihrem Leben verändern wollte.

Ikes Kokainkonsum jedoch sollte in den nächsten Jahren drastisch ansteigen, war zur Folge hatte, daß er noch aggressiver und unberechenbarer wurde.

1965 passierte etwas, womit selbst Ike nicht gerechnet hatte. Die Ike & Tina Turner Revue tingelte mehr oder weniger erfolgreich durch die Lande, da machten sich plötzlich die Ikettes mit »Peaches 'n' Cream« auf den Weg in die Charts. Natürlich hätten die drei am liebsten eine eigene Karriere begonnen, aber das ließ Ike nicht zu.

Statt dessen heuerte er verschiedene Sängerinnen an, die er als Ikettes auf Konzertreisen schickte, während die echten Ikettes bei der Revue blieben und für weniger Geld als die »falschen« Ikettes nach wie vor im Hintergrund singen mußten. In Gelddingen hatte Ike seine Prinzipien: Seinen Musikern zahlte er lediglich ein festes Angestelltengehalt. Gewinne wirtschaftete er in die eigene Tasche.

Jessie, Robbie und Vanetta waren endgültig sauer und verließen die Revue – doch als sie versuchten, auf eigene Faust Auftritte als Ikettes zu bekommen, mußten sie feststellen, daß auch das nicht ging, weil sich Ike den Namen hatte schützen lassen. Die drei versuchten es mit einem anderen Namen, und als auch das nicht klappte, ließen sie den Plan einer Solokarriere endgültig fallen.

Tina tat es besonders leid, daß Vanetta nicht mehr bei ihnen war. Sie waren vielleicht keine sehr engen Freundinnen gewesen, aber Vanetta hatte Tina bewundert, weil sie weder rauchte noch trank und abends immer früh zu Bett ging. Tinas Beziehung zu den Ikettes und den anderen Frauen in Ikes Unternehmen war eher distanziert gewesen, da sie potentielle Rivalinnen um Ikes Gunst waren; es waren *seine* Freundinnen, die er zu Hause oder in seiner Agentur untergebracht hatte, um sie immer in seiner Nähe zu haben, falls er sie brauchte. Tina hingegen war mit ihren Problemen allein. Ihr Boß war gleichzeitig ihr Ehemann, und im Fall Ike Turner hatte diese Kombination zur Folge, daß Tina nie die Möglichkeit bekam, eigene Interessen zu entwickeln, geschweige denn, viele eigene Freundschaften zu knüpfen ...

River Deep, Mountain High

»Ich habe schon früh gesagt, daß ich keinen Rhythm & Blues mehr singen will. Wenn man sich darauf festlegt, ist es so, als würde man sagen: Dieses Jahr trage ich nur Jeans und keine Röcke. Genauso kann es einem Jazz-Sänger gehen, der irgendwann einmal die Nase voll hat und zur Abwechslung Pop singen möchte. Ich konnte Rhythm & Blues einfach nicht mehr riechen!«
(Tina Turner 1986 in einem Interview mit »ME/SOUNDS«)

Im Sommer 1965 war der Vertrag mit Sue Records endgültig abgelaufen. Die Ike & Tina Turner Revue unterschrieb einen neuen Deal mit Loma Records. Das war ein kleines Label, das sich speziell um Rhythm & Blues kümmerte. Gegründet hatte es ein Mann namens Bob Krasnow. Er war nicht nur ein Liebhaber schwarzer Musik, er war auch ein echter Fan von Ike und Tina, und deshalb wollte er sie für seine Plattenfirma unter Vertrag nehmen. Menschen wie Bob Krasnow sind in diesem Geschäft eine Seltenheit, weil sie es verstehen, Enthusiasmus mit Geschäftstüchtigkeit zu verbinden – oft herrscht nur das eine oder das andere vor.

Ein weiterer Plattenfirmenboß, dem diese Verbindung hervorragend gelang, war Barry Gordy, der Anfang der 60er in Detroit das »Tamla Motown«-Label gegründet und vielen schwarzen Musikern wie den Supremes, Marvin Gaye oder Martha Reeves zum Erfolg verholfen hatte.

Bob Krasnow hatte mit seinen beiden neuen Schützlingen zunächst weniger Glück. Die Singles, die er mit ihnen aufnahm, floppten. Doch eines Tages erhielt er einen Anruf, der alles verändern sollte – ganz besonders die Welt von Ike und Tina Turner.

Der Anrufer war Phil Spector – *der* Produzent der 60er Jahre. Er war 25 Jahre alt und hatte schon Musikgeschichte geschrieben als der Mann, der den Rock 'n' Roll durch seine »Wall of Sounds«-Produktionen gründlich verändert hatte. Vom ursprünglichen Lebensgefühl dieser Musik blieb allerdings nichts mehr übrig, nachdem Phil Spector sich ihrer angenommen hatte, denn jedes Instrument und jede Stimme hatte sich bei ihm rigoros dem Mischpult unterzuordnen. Seine »Klangmauer« bestand in der Regel aus drei Gitarren, zwei Bässen, zwei Schlagzeugen, und oft fügte er noch andere Instrumente hinzu. So produzierte er im Studio ein infernalisches Klanggewitter, wie man es in der Rockmusik bis dahin noch nicht zu hören bekommen hatte. Phil Spector hatte u. a. mit den Crystals, den Ronettes, Darlene Love und vor allem mit den britischen Righteous Brothers gearbeitet, deren Stück »Unchained Melody« 1990 wieder in den europäischen Hitparaden auftauchen sollte.

Anfang 1966 kam Phil Spector aus New York mit einem Song nach Los Angeles zurück, den das erfolgreiche Pop-Team Brill Building, bestehend aus Jeff Barry und Ellie Greenwich, komponiert hatte. Als Sängerin für diese bombastische Nummer wollte er Tina Turner haben. Deshalb nahm er Kontakt mit Bob Krasnow auf; der fungierte als Mittelsmann zwischen Ike, der Tina natürlich vertrat, und dem Erfolgsproduzenten. Wieder einmal wurde Tina nicht um ihre Meinung gebeten. Wenn man den Berichten der damaligen Presse glauben darf, bot Spector für Tinas Stimme die phantastische Summe von 25 000 Dollar. Allerdings stellte er eine schwerwiegende Bedingung: Ike durfte zu keinem Zeitpunkt das Studio betreten. Ike ließ sich die Sache ein paar Tage durch den Kopf gehen, dann stimmte er dem Vertrag zu. Es paßte ihm zwar nicht, daß Tina etwas ohne ihn aufnehmen sollte, weil er dann keine Kontrolle über sie hatte, aber 25 000 Dollar waren Geld genug, um sein Unbehagen zu überwinden.

In den darauffolgenden zwei Wochen fuhr Tina in dem schwarzen Lincoln, den Ike ihr gekauft hatte, täglich zu Phil Spectors Villa. Bis dahin hatte sie nie etwas von Spector gehört, und wie wenig sie über die Hintergründe des Musikgeschäfts wußte, zeigt sich daran, daß sie keine Ahnung von der Rolle eines Produzenten hatte. Diesen Teil des Business hatte Ike immer von Tina ferngehalten. Seine Vorstellung von Arbeitsteilung war die: Er besorgte die Geschäfte, und Tina sang so, wie er das für richtig hielt. Dafür durfte Tina nach neuen Tanzschritten suchen, die sie in ihre Show einbauen konnte, denn den choreographischen Teil der Revue überließ Ike weitgehend ihrer Verantwortung.

Spector spielte Tina »River Deep, Mountain High« vor, und das Stück gefiel ihr sofort. Es hatte eine Melodie und Dramatik und war etwas ganz anderes als die Songs, die Ike ihr zu singen gab. Das waren meist nur lockere Rhythmusgerüste, um die sie ihre Stimme winden und sehr viel improvisieren mußte. Phil Spector besaß ein Ohr für ausdrucksstarke Stimmen; er hatte aus den Platten der Turners herausgehört, daß Tina wirklich singen und nicht nur schreien und quietschen konnte. Nach den Proben bei Spector kam Tina nur zweimal ins Studio, und beim letzten Besuch wurde ihr Gesang bereits aufgenommen. Techniker, die Tina an diesem Tag erleben durften, und auch Phil Spector selbst erinnern sich, wie sehr sie sich in Fahrt sang. »Was mir von der Session noch am lebendigsten in Erinnerung ist, das ist Tina. Als sie hereinkam, war sie regelrecht elektrisierend. Wir schalteten die Lampen aus und ließen nur zwei Wandlampen brennen. Und sie konnte den Song nicht in all ihren Kleidern bringen, deshalb zog sie die Bluse aus und sang nur noch mit ihrem Büstenhalter bekleidet. Was für ein Körper! Es war unglaublich, wie sie sich bewegte. Elektrisierend!« beschreibt Larry Levine, ein Tontechniker, Tinas Auftritt.

»River Deep« war eine enorm teure Produktion, weil insgesamt mehr als fünfzig Musiker an dieser Single beteiligt waren, und das über mehrere Wochen hinweg. 20 000 Dollar kostete das Einspielen – für eine solche Summe hätte man damals problemlos ein ganzes Album produzieren können. Als die Platte fertig war, hatten alle Beteiligten das Gefühl, an einem sensationellen Hit gearbeitet zu haben. Doch es kam anders. In den Staaten erwies sich »River Deep« als absoluter Flop.

Es lag nicht allein daran, daß dieser Titel »keine Heimat fand«, wie Tina meinte, oder daß er für die Pop-Sender zu schwarz und für die schwarzen Radiostationen zu weiß war. Wenn jemand ganz oben ist, dann neigen die Medien dazu, seine Produkte besonders kritisch unter die Lupe zu nehmen oder ihm gar eins auszuwischen, wenn sich die Gelegenheit dazu bietet – man denke nur an Boy George, den die englische Regenbogenpresse 1985 wegen seiner angeblichen Drogensucht heftig attackierte, obwohl andere Künstler nicht minder suchtgefährdet waren; tatsächlich schien der offen homosexuelle Musiker den prüden Briten besonders im Zeitalter von Aids untragbar. Auch Phil Spector hatte sehr früh ganz oben auf der Erfolgsleiter gestanden. Er konnte auf zwanzig Hits in den Charts zurückblicken. Nun ergriff die Presse ihre Chance, ihn und sein neuestes Werk mit Wonne zu verreißen.

Tina konnte diese zynischen Kritiken nicht begreifen. Es war das erste Mal gewesen, daß sie ohne Ike mit anderen Musikern zusammengearbeitet hatte. Ike lobte sie nie, fand selten Worte der Anerkennung für ihre gesanglichen Leistungen oder ihre Auftritte. Er nahm es als selbstverständlich hin, daß sie sich voll und ganz für ihn einsetzte, und machte ihr nie Mut, wenn ihr nach stundenlangen Proben in verräucherten, engen Studios die Stimme zu versagen drohte. Gerade deshalb hatte es ihrem Selbstbewußtsein gutgetan, daß einem anerkannten Künstler wie Phil Spector ihre Stimme wirklich gefiel und er sie zu einer gesanglichen Leistung geführt hatte, die sie sich allein wohl nicht zugetraut hätte. Trotzdem wogen die positiven Erfahrungen, die sie während der Arbeit an der Platte gemacht hatte, die Enttäuschung über den Mißerfolg nicht auf.

Doch dann geschah etwas, womit keiner der Beteiligten gerechnet hatte: »River Deep« entfesselte in Europa und ganz besonders in Großbritannien einen wahren Begeisterungstaumel. Mitte Juni stand der Song bereits auf Platz drei der britischen Charts, und dreizehn Wochen lang hielt er sich unter den Top 50. Daß »River Deep« ausgerechnet in Europa so erfolgreich wurde, hängt mit der bereits zu Beginn dieses Kapitels kurz erwähnten Entwicklung der britischen Musikszene zusammen. Viele Musiker, die damals die Charts bevölkerten, wurden von farbigen Künstlern beeinflußt. Dabei wurde der rauhere Blues von Bands wie den Yardbirds, Eric Burdon & The Animals und ganz besonders von den Rolling Stones gesungen. Diese Gruppen zogen ein ganz anderes Publikum an als die poppigen Beatles. Besonders die Musik der Stones, die damals noch viele Coverversionen alter Bluesoriginale spielten, hatte einen harten, aggressiven Kick. Den Stones war der Erfolg von Tina Turner

nicht verborgen geblieben, und da sie gerade dabei waren, eine Englandtournee zu planen, boten sie der Ike & Tina Turner Revue an, als Vorgruppe mitzureisen. Besonders Mick Jagger dachte, daß die blueslastigen Stücke der Revue seine eigene Musik sehr gut ergänzen würden.

Ike hatte gerade die Ikettes neu formiert und mit Rose Smith, Ann Thomas und P.P. Arnold eine neue Background-Gruppe zusammengestellt. Seine amourösen Eskapaden nahmen zu, und er gab sich nicht mehr die geringste Mühe, seine Affären vor Tina zu verbergen.

Tina war längst nicht mehr nur gekränkt, sie wurde auch zunehmend ärgerlicher. Ihre Ehe war zu einem Teufelskreis aus Demütigungen und Schlägen geworden, doch Tina sah für sich keinen Ausweg. Obwohl sie mit »River Deep« ohne Ike erfolgreich gewesen war, bedeutete das noch lange nicht, daß sie auch eine eigene Karriere schaffen würde. Die Musikbranche war ihre Welt, aber da sie nicht selbst komponierte, würde sie immer auf andere Musiker angewiesen sein. Die Vorstellung, auf eigenen Füßen zu stehen, machte ihr ebensoviel Angst wie die Aussicht, noch länger bei Ike zu bleiben. Sie wollte einfach nur noch in Ruhe gelassen werden und arbeiten. Doch dann mußte sie feststellen, daß Ike nicht einmal davor zurückschreckte, seine Freundinnen ins heimische Ehebett zu holen. Als Tina davon durch ihre Kinder erfuhr, mußte sie zu dem Schluß kommen, daß ihre Ehe nicht mehr zu retten war. Sie wollte mit diesem Mann nichts mehr zu tun haben. Aber sie hatte noch nicht die nötige Kraft, um sich endgültig von ihm zu befreien.

Wie erschöpft Tina in jenen Jahren war, zeigt sich daran, daß sie sich von ihrem Arzt schwere Schlaftabletten verschreiben ließ. Sie wollte sehr fest schlafen – für immer. An jenem Abend im September 1968 hatte die Revue einen Auftritt in einem neuen Club in Los Angeles, und bevor sie auf die Bühne mußte, schluckte Tina fünfzig Valiumtabletten. Es war vielleicht kein wirklich ernsthafter Selbstmordversuch, denn natürlich fiel den Ikettes auf, daß Tina sich nur mit Mühe auf den Beinen halten konnte. Aber er zeigte doch, wie verzweifelt sie war und wie dringend sie Hilfe gebraucht hätte. Aber an wen hätte sie sich wenden sollen? Von ihrem Ehemann konnte sie auch in dieser Situation keine Anteilnahme oder Hilfe erwarten –

im Gegenteil. Alles, was er zu diesem schrecklichen Zwischenfall zu sagen hatte, war: »Du dämliche Pißnelke, stirb lieber nicht, sonst bringe ich dich um.«

Honky Tonk Woman

»*Mick Jagger war fasziniert von unserer Show und der Art und Weise, wie ich tanzte, denn zu Beginn der Karriere der Rolling Stones bewegte er sich auf der Bühne überhaupt nicht. Er stand nur herum und schlug das Tamburin, aber er hätte wohl gern getanzt. Als wir nun zusammen auf Tour waren, kam er und wollte wissen, wie wir Mädchen das machten. Erst später entwickelte er seinen eigenen Stil.*«
(Tina Turner 1989 in einem Interview mit »FACE«)

Die Tournee der Rolling Stones, an der die Ike & Tina Turner Revue teilnahm, begann am 23. September 1966 in der Londoner Royal Albert Hall und wurde für das Live-Album der Stones »Got Life If You Want It« aufgezeichnet. Es war das erste Mal, daß Ike und Tina mit weißen Musikern zusammenkamen, die ihre Wurzeln wie sie selbst im Blues hatten. Selbst Ike, der sonst mit Lob geizte, war tief beeindruckt. Er kam gut mit diesen Leuten aus, denn ähnlich wie Tina fühlte er sich von Weißen angezogen und hatte unter ihnen viele Freunde. Jetzt schaute er sich bei Musikern wie Jeff Beck von den Yardbirds neue Kniffe und Tricks auf der Gitarre ab und lernte für seine eigene Musik eine Menge dazu.

Die Stones hatten zwölf Konzerte durch ganz Großbritannien gebucht, und ihre Entscheidung, die Ike & Tina Turner Revue als Anheizer mitzunehmen, erwies sich als voller Erfolg. Mick Jagger hatte eine Gruppe gewollt, die das Publikum richtig in Fahrt brachte, und die Turners mit ihren Ikettes schafften das spielend. Das eher prüde, verklemmte britische Publikum hatte so etwas noch nie live gesehen: vier wilde farbige Frauen, die in Miniröcken und auf hohen Stilettos

Tina zusammen mit den Ikettes und Ike Turner (S. 68)

über die Bühne tobten und ihre Beine dabei so hochwarfen, daß den Fotografen beinahe die Kameras aus den Händen fielen. Viele fanden den Sex-Appeal, den Tina durch ihre gekonnt eingesetzte Körpersprache und ihre gefühlsbeladene Stimme ausstrahlte, unwiderstehlich. Einige fanden die Show allerdings auch »shocking«, denn mit einheimischen Sängerinnen wie Lulu und Sandie Shaw und deren netten Pop-Liedchen waren Tina Turner und die Ikettes natürlich nicht zu vergleichen.

Die Presse stürzte sich begeistert auf Tina und schrieb seitenlange Lobeshymnen auf das neue Sexidol. Es tauchten auch Gerüchte auf,

daß Tina lesbisch sein könnte, weil sie auf der Bühne nicht mit Männern, sondern mit den Ikettes auftrat und auch privat hin und wieder mit einer von ihnen gesehen wurde, nie aber mit einem anderen Mann als Ike.

Wie es hinter den Kulissen privat bei den Turners aussah, wußte jedoch kaum jemand.

Tina fand nicht einmal die Zeit, sich die Rolling Stones auf der Bühne anzusehen; ihr fiel lediglich dieser dicklippige, blasse Typ auf, der während ihres Auftritts Abend für Abend an den Lautsprecherboxen herumlungerte. Daß das Mick Jagger war, erfuhr sie erst später. Die jahrelangen Auseinandersetzungen mit Ike hatten sie ausgezehrt, und ihr blieb gerade noch soviel Kraft, um ihre Kostüme in Ordnung zu halten und jeden Abend auf die Bühne zu gehen.

Manchmal war sie jedoch auch bei den Partys dabei, die nach den Konzerten in der Garderobe stattfanden, um sich abzulenken und wenigstens ein bißchen Spaß zu haben. Dann gab sie den Stones Tips, mit welcher Ikette sie anbandeln konnten, und Mick Jagger hatte tatsächlich eine kurze Affäre mit P. P. Arnold, die später eine kleine Solokarriere machte.

Tina mochte Mick Jagger – auch deshalb, weil es ihn nicht störte, wenn sich andere über ihn lustig machten. Er hatte einen ausgeprägten Sinn für Humor, und als sie eines Abends versuchte, ihm den neuesten Modetanz namens Pony beizubringen und alle anderen über seine Ungeschicklichkeit in lautes Gelächter ausbrachen, war er nicht etwa beleidigt, sondern lachte einfach mit.

Die Zeit in Europa deutete in vielerlei Hinsicht einen Wendepunkt in Tinas Leben an. Die Tournee mit den Rolling Stones gab ihr erneut ein bißchen mehr Selbstvertrauen, denn die Medien hatten sich in erster Linie auf sie und nicht auf Ike gestürzt. Sie war der Mittelpunkt der Revue, und ohne sie würde Ike vermutlich wieder in die Anonymität zurückfallen.

Tina wurde sich ihrer Macht mehr und mehr bewußt, und vielleicht war diese Macht auch der Grund, warum Ike sie so kleingehalten hatte: weil auch er Angst davor hatte, seinen Weg als Musiker allein zu gehen. Ohne Tina würde er ganz von vorn anfangen müssen, und deshalb war es für ihn wichtig, daß sie ihm nicht über den Kopf wuchs. Wenn er sie verprügelt hatte, versuchte er anschließend

immer, die Dinge wieder ins Lot zu rücken, indem er ihr teure Geschenke machte und für kurze Zeit Reue zeigte. Doch diese Stimmungen hielten nie lange an, und Tina wußte sehr genau, daß es wieder passieren würde.

Deshalb konnte Ike nichts daran ändern, daß Tina begann, nach Dingen in ihrem Leben Ausschau zu halten, die sie bisher vermißt hatte. Sie wußte zwar, daß sie sich nur aus eigener Kraft von Ike lösen konnte, aber dazu brauchte sie Hilfe.

Während der Aufnahmen zu der Fernsehsendung »Ready, Steady, Go!« hatte Tina Vicki Wickham kennengelernt und in ihr eine Freundin gefunden. Vicki interessierte sich für übersinnliche Phänomene und war dem Spirituellen zugeneigt. Sie hatte erfahren, daß ihr diese geistige Welt weiterhalf, wenn sie in Depressionen verfiel, und hielt es deshalb für eine gute Idee, ihre neue Freundin zu einem Besuch bei einer Kartenlegerin mitzunehmen. Ihr war nämlich nicht verborgen geblieben, daß es um die Ehe der Turners nicht zum besten stand.

Man sagt, die Sterne lügen nicht. Zu Tinas großer Überraschung sah die Kartenlegerin in ihren Sternen eine glanzvolle Zukunft voraus. »Ich habe den Namen dieser Frau vergessen, aber nicht das, was sie mir gesagt hat. Sie sagte: Du wirst eines Tages unter den größten aller Sterne sein ... und dein Partner wird herunterfallen wie ein welkes Blatt im Herbst«, schreibt Tina über diese schicksalhafte Begegnung in ihrer Biographie. Tina fühlte, daß ihr hier von einer Fremden etwas gegeben worden war, das ihr Halt geben konnte: Die schwere Zeit würde vorübergehen. Die Jahre mit Ike waren nur ein Zwischenspiel in ihrem Leben. Natürlich war sich Tina bewußt, daß diese Entwicklungen nicht von selbst eintreten würden, daß sie selbst etwas unternehmen mußte, um die Dinge in Gang zu setzen. Und natürlich erzählte sie Ike nichts von diesem Treffen.

Nach der Tournee mit den Rolling Stones flog die Revue noch zu einigen Presseterminen nach Frankreich und Deutschland. Ike war so mit geschäftlichen Dingen beschäftigt, daß er entgegen seiner sonstigen Gewohnheit, immer ein Auge auf Tina zu haben, nun nichts dagegen hatte, wenn sie allein einkaufen ging. Es war das erste Mal, daß Tina eigenes Geld hatte; bisher hatte Ike Tinas finanzielle Angelegenheiten geregelt, und wenn sie sich etwas Persönliches kaufen wollte, hatte sie ihn um ein paar Dollar bitten müssen. Nun machte Tina eine Erfahrung, die viele Frauen kennen: Wenn man deprimiert und traurig ist, kann es einem helfen, sich selbst zu verwöhnen, indem man sich etwas Schönes kauft. Tina verfiel in einen wahren Kaufrausch und entdeckte ein Hobby, über das sich viele, die sie kennen, heute noch lustig machen: Tina geht einkaufen.

Europa gefiel ihr, und ganz besonders hatte es ihr Frankreich angetan. Sie fühlte sich hier absolut heimisch, hatte oft dieses seltsame Erlebnis, das man »déjà vu« nennt: Es bezeichnet das Gefühl, Dinge oder Orte schon einmal gesehen zu haben, an denen man nie zuvor war, oder man »erinnert« sich in einer Situation auf einmal an das, was der Gesprächspartner einem gleich sagen wird. Tina kam die Idee, daß sie vielleicht in einem anderen Leben Französin gewesen sein könnte oder daß sie, gerade weil sich in ihr so viele verschiedene Rassen mischten, einer universellen Rasse angehören könnte.

Das waren gänzlich neue Gedanken, die Tina nun beschäftigten. Das Wichtigste jedoch, das sie von dieser Reise durch Europa mit nach Hause nahm, war die Erkenntnis, daß sie sich selbst und ihre Innenwelt besser kennenlernen mußte, bevor sie in der Welt draußen etwas für sich verändern konnte. Sie erwartete nicht, daß alles mit einem Schlag anders würde, aber etwas in ihr war in Bewegung geraten, das sich nicht mehr aufhalten ließ. Es war lediglich eine Frage der Zeit, wann sie aus eigener Kraft eine Veränderung herbeiführen würde.

Two People

»Ich habe nie bei der Frauenbewegung mitgemacht. Viele dieser Frauen haben es zu weit getrieben. Sie zogen sich wie Männer an, benahmen sich wie Männer und redeten wie sie. Ekelhaft. Zum Beispiel die BH-Verbrennungen, bei denen auch Jane Fonda mitgemacht hat. Ich bin altmodisch, was das betrifft. Mit dererlei Bewegungen muß man vorsichtig sein. Die können leicht ins Extreme abrutschen. Leute, die nicht besonders stark sind, sehen plötzlich ihre Zeit gekommen. Und dann kann es passieren, daß die negativen Konsequenzen auf die starken Frauen in der Bewegung zurückfallen. Aber glauben Sie mir: Kein Schritt, den eine starke Frau schafft, ist umsonst. Er wird belohnt werden.«
(Tina Turner 1989 in einem Interview mit »Brigitte«)

1970 wurde das »Equal Rights Amendment« (etwa vergleichbar mit unserem Grundgesetz) 50 Jahre alt. Trotzdem hatten nicht alle Amerikaner den gleichen gesellschaftlichen Status. Zwar waren den farbigen Bürgern der Vereinigten Staaten in den 50er Jahren endlich die Bürgerrechte zuerkannt worden, und Martin Luther King hatte das volle Wahlrecht und die Wahl auf freien Wohnsitz für sie durchgesetzt, aber das waren längst überfällige formale Angelegenheiten. Neben den Farbigen gab es noch eine weitaus größere Gruppe von Menschen, die wie Menschen zweiter Klasse behandelt wurden, und das waren die Frauen. Die Frau war bisher uneingestandenermaßen »the nigger of the world« (John Lennon), aber genau das sollte sich nun ändern.

»Women's Liberation« (= Frauenbefreiung), kurz: »Women's Lib« hieß das neue Schlagwort. Zum Geburtstag des »Equal Rights

Amendment« forderte die damals noch sehr kleine liberale »National Organization for Women« alle Frauen des Landes auf, für einen Tag ihre Arbeit niederzulegen, egal um welche Arbeit es sich handele: Hausarbeit, Bürojob, Dienstleistungsgewerbe. Die Organisation wollte mit dieser Aktion darauf hinweisen, wie ungerecht Frauen in fast allen Lebensbereichen behandelt wurden. Wie spätere Umfragen zeigten, waren die Demonstrationen – allein in New York gingen 100 000 Frauen auf die Straße – erfolgreich: 80% der Amerikanerinnen erfuhren durch diese Aktion überhaupt erst, daß es eine Frauenbewegung gab, der sie sich anschließen konnten.

Daß so wenige Frauen davon wußten, hängt sicher damit zusammen, daß die »Women's Lib«, die aus verschiedenen Frauengruppen bestand, überwiegend von Frauen aus der Mittelschicht getragen wurde: Studentinnen, Frauen mit höherer Schulbildung oder Universitätsabschluß. Die Millionen von Hausfrauen, Sekretärinnen, Kellnerinnen oder Krankenschwestern begegneten diesen Frauen und ihren Forderungen mit Mißtrauen, weil sie aus einer anderen sozialen Schicht kamen und folglich auch mit anderen Problemen zu kämpfen hatten. Was weiß eine finanziell gutsituierte Rechtsanwältin mit Hausangestellten von den Problemen, mit denen beispielsweise eine verheiratete Krankenschwester mit einem Baby tagtäglich zu kämpfen hat?

Gerade für die nichtprivilegierten Frauen kämpften die Feministinnen Anfang der 70er auch über Gerichte gegen die Diskriminierung. Tatsächlich wurden zum Beispiel Chancengleichheit auf dem Arbeitsmarkt und die Bezahlung gleicher Löhne für gleiche Arbeit durch Gerichtsbeschlüsse verfügt.

Doch der weiterreichende Schritt einer verfassungsmäßigen Verankerung der Gleichberechtigung der Frau gelang in den USA bis heute nicht. Die amerikanische Politologin Danga Vileisis wies in einem Artikel nach, daß es 1982 immer noch über 800 Bundesgesetze gab, die Frauen diskriminieren.

Wie in den Staaten begann auch in Deutschland die Frauenbewegung Ende der 60er Jahre, obwohl es hier nie eine übergeordnete Organisation wie in den USA die »Women's Lib« gegeben hat. Es waren besonders Studentinnen und Frauen mit einer höheren Schulbildung, die die Bewegung in den ersten Jahren trugen. Deshalb gab es anfangs viele organisierte Frauengruppen in den linken Parteien und den Gewerkschaften.

Aber viele Frauen wollten sich eigentlich gar nicht innerhalb eines Verbandes organisieren, sondern zunächst einmal mehr über sich selbst erfahren. Dazu mußten sie als erstes begreifen, daß ihre Unterdrückung zu Hause anfing, ihre Wurzeln aber in den politischen Verhältnissen hatte. Zwar galten in Deutschland seit über 100 Jahren die bürgerlichen Rechte, aber ähnlich wie in den Staaten waren nicht alle Bürger gleich: Erst in den späten 50er Jahren durften Frauen ohne die Einwilligung ihres Ehemannes ein Bankkonto eröffnen, und erst in den 70er Jahren wurde es ihnen erlaubt, sich eine Arbeit zu suchen, ohne daß der Ehemann dem zustimmen mußte.

Anlaß zu einer öffentlichen Streitdiskussion, die bis heute andauert, war bereits 1971 der Paragraph 218. Im Wochenmagazin »Stern« rief Alice Schwarzer zu der Aktion »Ich habe abgetrieben« auf, und innerhalb weniger Wochen erhielt die Redaktion mehr als 100 000 Zuschriften von Frauen. Aufgrund dieser Masse von Geständnissen war es unmöglich, jede einzelne Frau juristisch zu verfolgen. Daraufhin entstanden überall Gruppen, die sich für die Abschaffung des § 218 einsetzten.

Auch im Hinblick auf die Ausbildung der Frauen hat die Frauenbewegung viel bewirkt: 60% der 20- bis 30jährigen haben heute eine Berufsausbildung, 50% sogar einen mittleren oder höheren Schulabschluß. Daß Frauen in höheren Berufen und Positionen noch kaum vertreten sind, kann also nicht an ihrer mangelnden Qualifikation liegen.

Aber Anfang der 70er trafen die provokativen Aktionen der Frauenrechtlerinnen bei der breiten Bevölkerung auf wenig Verständnis. Diesen Büstenhalter verbrennenden, aggressiven Feministinnen stand auch Tina ablehnend und mißtrauisch gegenüber. In ihrer Biographie erinnert sie sich: »Sollte das heißen, daß man, wenn man seinen BH auszog, sein Gehirn benutzte? Irgendwie konnte ich mich dieser Bewegung nicht recht anschließen. Sie redeten von Befreiung, aber Befreiung von was? Von der Hausarbeit? Die war das geringste meiner Probleme.« Tina vermochte sich nicht vorzustellen, daß ihr bei der Lösung ihrer Beziehungsprobleme mit Ike ausgerechnet von politischer Seite Hilfe zuteil werden könnte.

Sie begann sich zu fragen, wer sie eigentlich war, und sie mußte feststellen, daß sie es nicht wußte. Sie war ein Teenager gewesen, als sie Ike kennenlernte, und sie hatte nie die Möglichkeit gehabt, allein für sich herauszufinden, was sie sich vom Leben versprach. Die jahrelangen Streitereien mit ihrem Mann, die körperlichen und seelischen Qualen, die sie ausstehen mußte, hatten Tinas innere Kraft zermürbt und aufgebraucht. Die Demütigungen, die sie als Frau durch Ikes unzählige Affären einstecken mußte, hatten ihr Selbstbewußtsein völlig untergraben.

Tina brauchte Unterstützung, und deshalb verbrachte sie nun viel Zeit bei Wahrsagern, Astrologen und Kartenlesern. Dabei ging es ihr nicht darum, daß ihr ein Fremder ihre Zukunft in schillernden Farben ausmalte. Tina war vielmehr dabei, ihre eigene Persönlichkeit zu erforschen. Sie hatte nie viel Zeit zum Lesen gefunden, daher war es ihr wichtig zu hören, wie andere sie und ihr Leben einschätzten, denn durch diese Sitzungen erfuhr sie immer ein Stückchen mehr über sich selbst.

Eines Tages trat unerwartet eine Frau in Tinas Leben, die sehr wichtig für sie werden sollte. Valerie Bishop war ausgerechnet eine Bekannte von Ike, die kurze Zeit als Sekretärin für ihn arbeitete. Sie gehörte der Nichiren-Shoshu-Sekte an, die eine japanische Variante des Buddhismus lehrte. Die Anhänger kennen keine Gebete an einen Gott, sondern finden Trost und tiefe Entspannung im Rezitieren bestimmter Worte wie etwa »Nam-myohorengekyo«. Davon hatte Tina noch nie etwas gehört. Valerie erklärte ihr, daß es sich beim »Rezitieren« um eine Meditationsform handelt, die aus dem Buddhismus kommt. Ehe sie die Turners verließ, brachte Valerie Tina diesen speziellen Gesang bei, mit dessen Hilfe man sich völlig entspannen und in Einklang mit dem Universum bringen kann.

Viele Künstler sind früher oder später in ihrem Leben auf fernöstliche Religionen und Philosophien und die mit ihnen verbundenen Meditationstechniken aufmerksam geworden. Schon in den 60ern reisten die Beatles nach Indien, um sich dort von Maharishi Mahesh Yogi in die Lehren der transzendentalen Meditation einführen zu lassen. Aber Meditation allein reichte vielen auf dem Weg zum eigenen Ich nicht aus – LSD und halluzinationogene Pilze wurden von vielen konsumiert und sogar zu bewußtseinserweiternden Forschungen, wie sie etwa Professor Timothy Leary an der Universität von Los Angeles betrieb, eingesetzt.

Mit der Zeit reifte vor allem bei jüngeren Menschen, das Bewußtsein, daß die westliche Zivilisation immer schneller auf ihren endgültigen Kollaps zusteuerte. Während einige vor diesem bedrohlichen Hintergrund ihre Geborgenheit in den traditionellen Religionen suchten (Bob Dylan im Christentum, Cat Stevens im Islam), glaubten zunehmend mehr Menschen ihr Seelenheil in fernöstlichen Religionen und Philosophien oder der wiederentdeckten Esoterik* zu finden. Dieser Trend hat bis in unsere Tage angehalten. Der Schauspieler Richard Gere beispielsweise ist praktizierender Buddhist ebenso wie die New Yorker Sängerin Suzanne Vega. Die ehemalige deutsche Schlagersängerin Penny MacLaine, die mit ihrer Gruppe Silver Convention und dem Disco-Stück »Fly, Robin, Fly« in den 70ern einen weltweiten Hit hatte, schreibt heute Bücher über Schutzgeister, und die Schauspielerin Shirley MacLaine hat sich in vielen erfolgreichen Büchern intensiv mit dem Leben nach dem Tod auseinandergesetzt.

Als Tina mit dem »Rezitieren« begann, entdeckte sie schnell, daß die Konzentration auf die fremden Worte, die sie bei ihrer Meditation verwendete, ihr halfen, ihren Verstand auszuschalten und sich ganz auf ihre Gefühle und ihr Innerstes zu konzentrieren. Sie richtete sich zu Hause in einem Zimmer einen kleinen Altar ein, vor dem sie täglich mehrere Stunden meditierte und dabei alle negativen, störenden Gedanken weit von sich schob. Sie bemühte sich, mit den schlummernden Kräften in ihrem Innern in Kontakt zu kommen, und allmählich spürte sie, wie der Widerstand gegen Ike wuchs. Das passive, duldende Leiden der vergangenen Jahre, das durch falsche

---

* = Geheimwissenschaft; heute wird der Begriff jedoch meistens mit den bewußtseinserweiternden Lehren des »New Age« gleichgesetzt, die sich darum bemühen, Körper und Seele in Einklang zu bringen. Dazu werden Techniken benutzt, die dem Menschen unabhängig von einer Religion zu tieferen Einsichten in das eigene Selbst, das immer in den großen, universalen Kosmos eingebunden ist, verhelfen sollen. Esoterik umfaßt deshalb heute so unterschiedliche Bereiche wie etwa Astrologie, das Wissen um die magischen, heilenden Kräfte von Pflanzen und Edelsteinen, aber auch die Arbeit mit »mind machines«, die helfen sollen, Körper und Seele gleichermaßen zu entspannen.

Hoffnungen und mangelndes Selbstbewußtsein genährt worden war, wich zunehmend dieser wachsenden Kraft des Widerstands. Tina spürte, wie sie immer stärker wurde. Ike spürte das auch, und es machte ihm angst.

Das Jahr 1974 brachte Tina einen weiteren Schritt von Ike weg. Wieder, wie schon einmal bei »River Deep, Mountain High«, wurde den Turners ein Projekt angeboten, bei dem Ikes Anwesenheit unerwünscht war. Diesmal handelte es sich um eine kleine Rolle in dem Film »Tommy«. Der britische Exzentriker Ken Russell, der besonders mit dem sadistischen Film »Die Teufel« für einiges Aufsehen gesorgt hatte, wollte die Rockoper von The Who verfilmen. Neben »Tommy« Roger Daltrey von den Who sollten viele berühmte Musiker Gastauftritte haben: Eric Clapton, Elton John und Tina Turner als »Acid Queen«. Zu den »richtigen« Schauspielern gehörten außerdem Oliver Reed und Ann-Margret.

Aber Tina war zu dem Zeitpunkt so sehr mit sich selbst beschäftigt, daß sie sich für neue Projekte nicht begeistern konnte. Erst auf Bitten von Ikes Agent Dave Bendett las sie das Drehbuch. Sie las es nicht besonders gründlich, nahm die Rolle aber trotzdem an. So hatte sie noch während der Dreharbeiten in London nicht die geringste Ahnung, worum es in dem Film eigentlich ging oder was ihre Rolle wirklich bedeutete. Daß »acid« ein Slangausdruck für LSD war, wurde ihr erst klar, als sie die riesige gelbe Plastikspritze sah, die man ihr als Requisit zugedacht hatte. Ausgerechnet sie, die Drogen immer verabscheut hatte, sollte nun eine »Drogenhexe« spielen. Aber Tina nahm die Sache mit Humor; schließlich war Ken Russells »Acid Queen« nichts anderes als eine überdimensionale Karikatur, die nichts mit der echten Tina Turner zu tun hatte. Und daß ihr die Arbeit vor der Kamera großen Spaß machte, beweist eine Bemerkung, die sie gegenüber dem amerikanischen Magazin »Rolling Stone« machte: »Ich begann, mich so sehr mit der Rolle der ›Acid Queen‹ zu identifizieren, daß ich Roger Daltrey buchstäblich am Arsch die Treppe hochzerrte, als ich ihn ein paar Stufen hinaufschleppen sollte. Ich verwandelte mich tatsächlich in eine Verrückte. Ich hab ihn, glaube ich, sehr erschreckt.«

Nach den Dreharbeiten blieb Tina noch eine Weile in London. Ann-Margret hatte sie eingeladen, als Gast in einem TV-Special aufzutreten, das sie gerade in der britischen Metropole drehte. Ikes Anwesenheit war auch dabei nicht erwünscht. Überhaupt rückte er mehr und mehr in den Hintergrund. Die Songs, die er schrieb, wollte niemand mehr hören. Die wunderbare Ausrüstung, mit der er sein Studio vollgestopft hatte, erwies sich eher als Hindernis für seine Kreativität. Die vielen Geräte regten seine Phantasie nicht an und erdrückten statt dessen sein Können als Komponist.

Tina nabelte sich nach diesem Ausflug nach London weiter von Ike ab. Aber sie hatte ihn noch immer nicht ganz aufgegeben. Sie wollte die offene Auseinandersetzung über ihre Ehe und Zukunft, einer Zukunft, die anders aussehen mußte als die Vergangenheit und die Gegenwart. Da Ike ihr nicht zuhören wollte, weil er es gar nicht gewohnt war, sich mit Frauen partnerschaftlich auseinanderzusetzen, schrieb sie ihm Briefe, in denen sie ihm klarzumachen versuchte, daß sie seine Schläge nicht länger ertragen konnte. Doch all ihre Bemühungen waren vergebens. Ike schien in einer anderen Welt zu leben, und viele Bekannte, wie Ikes Businessmanagerin und Geliebte Ann Cain, berichteten übereinstimmend, daß Tina meistens mit einem blauen Auge oder geschwollenen Lippen herumlief. »Ich glaube, tief in seinem Innern liebte Ike Tina wirklich«, meinte Ann Cain in Tinas Biographie. »Aber er hatte ständig Angst, sie zu verlieren – genauer, die Kontrolle über sie zu verlieren. Und er glaubte, er würde sie nur halten können, wenn er sie einsperrte.«

A Change
Is Gonna Come

»Ich war mein Leben lang Baptistin. Ich habe immer sehr rechtschaffen und ehrlich gelebt. Und so mußte ich mich fragen: Was habe ich eigentlich getan, daß ich so viel Unglück verdiene? Dann wurde ich Buddhistin und fing an, die Gründe für Ursache und Wirkung zu erlernen. All das Unglück habe ich selbst verschuldet – ich gebe niemand anders die Schuld daran.«
(Tina Turner in einem Videofile-Interview)

Tina Turner war nicht die einzige farbige Künstlerin, die durch ihren Mann eine solch erniedrigende Behandlung erfuhr. Sie hatte Leidensgenossinnen. Aretha Franklin beispielsweise, die wichtigste Sängerin der Soul-Ära, hatte mit ihrem Mann ganz ähnliche Probleme. Auch er schlug sie in aller Öffentlichkeit – es ging sogar so weit, daß sie einmal in einem Rollstuhl ihren Auftritt durchstehen mußte. Wie Tina wehrte auch Aretha sich erst sehr spät in ihrem Leben gegen die Brutalität ihres Mannes, und sie brauchte lange, um ihren eigenen Weg vom Gospel zur schwarzen Protestsängerin (sie hatte großen Erfolg mit Stücken wie »Respect« oder »Chain Of Fools«) bis hin zu der Künstlerin zu finden, die den Soul in die 70er Jahre hinüberrettete.

Andere farbige Sängerinnen wie Diana Ross, die in den 60er Jahren mit der Frauengruppe Supremes große Erfolge feierte und sich 1970 selbständig machte, gingen von Anfang an ihren Weg ohne einen Mann an ihrer Seite – jedenfalls in persönlicher Hinsicht. Allerdings hätte wohl auch Diana Ross ihre doppelte Karriere als Sängerin und Schauspielerin in Filmen wie »Lady Sings The Blues« oder »Mahagony« nicht ohne männliche Hilfe geschafft: Ihr Förderer war

Königin des Soul: Aretha Franklin

Barry Gordy, der Gründer von Motown Records – dem Label, das Diana Ross' Platten herausbrachte.

Daß Frauen es in der von Männern dominierten Musikbranche ganz ohne die Hilfe des sogenannten starken Geschlechts schafften, war und ist so gut wie unmöglich. In der Plattenindustrie sind wie in den meisten Branchen die Führungspositionen nach wie vor von Männern besetzt. Frauen arbeiten in der Regel in untergeordneten

Positionen, etwa als Promoterinnen. Im Management- oder A & R-Bereich – der Abteilung, die für die Entdeckung neuer Talente zuständig ist – findet man selbst heute nur eine Handvoll Frauen. Immerhin entwickelte Diana Ross sich in den 70ern zum ersten weiblichen farbigen Superstar der Glamour-Pop-Szene und ebnete damit auch anderen Sängerinnen den Weg.

Tina ging einen anderen Weg. 1974 erschien mit »Tina Turns The Country On« ihre erste Solo-LP. Warum sie sich ausgerechnet Songs von Country-&-Western-Stars wie Hank Williams und Dolly Parton sowie weißen Folk-Sängern wie Bob Dylan, Kris Kristofferson und James Taylor aussuchte, ist vielen Fans ein Rätsel geblieben. Diese Musik entsprach weder ihrem alten Rhythm-&-Blues-Stil noch dem erdigen, wilden Rock, den sie singen wollte. Die Platte war nicht sehr erfolgreich und half Tina für ihre eigene musikalische Entwicklung nicht weiter.

Dafür fand sie durch den Film »Tommy« große Beachtung. Die britische Musikzeitschrift »Melody Maker« hielt den Film, der 1975 in die Kinos kam, für ein bedeutendes Kunstwerk, und obwohl sich die übrigen Kritiker diesem Urteil nicht so recht anschließen mochten – »Tommy« war ein völlig überdrehtes Spektakel, dessen schrille Buntheit eher provozierte als gefiel –, interessierten sich die Medien plötzlich für Tina. Wie mit »River Deep, Mountain High« hatte sie einen wichtigen Schritt weg von Ike und in Richtung einer eigenen Karriere getan. Fast schien es so, als habe sich ein Teil der Prophezeiung – daß sie ein Star sein, ihr Partner aber fallen werde – bereits erfüllt.

Die Zeit der Hits ging für die Ike & Tina Turner Revue unwiderruflich zu Ende. Seit Ike Turners erstem Plattenvertrag waren inzwischen über zwanzig Jahre vergangen. Die amerikanische Musikszene hatte in den 50ern den Rock'n' Roll, in den 60ern den Soul und in Verbindung mit der Flower-power der Hippies den Psychiadelic Sound hervorgebracht und eine Invasion britischer Pop- und Rockmusiker erlebt. Ikes Musik war von diesen Neuerungen jedoch völlig unbeeinflußt geblieben – seine Stücke klangen noch genauso wie vor zwanzig Jahren.

Superstar der Glamour-Pop-Szene: Diana Ross

Es kam nicht von ungefähr, daß die Turners mit Coverversionen wie dem Creedence-Clearwater-Revival-Stück »Proud Mary« erfolgreich waren. Auch am Konzept der Revue hatte sich wenig geändert. Es war Tina, die immer wieder versuchte, neue Tanzschritte in die Show einzubauen und ihren Auftritt dadurch jedes Mal individuell und lebendig zu gestalten. Auf ihren Tourneen, die 1971 und 1974 nach Europa und 1973 nach Australien führten, war die Revue immer noch erfolgreich. Die Show lebte von Tinas unbändiger Energie und ihrem Willen, pausenlos und hart an sich zu arbeiten und Neues auszuprobieren. Mit den Plattenaufnahmen sah das anders aus. Bereits das 1970 erschienene Album »'Nuff Said« erreichte nicht mehr die Popularität seiner Vorgänger und kam nicht unter die Top 100. Das Publikum hatte das Interesse an einer Musik verloren, die immer noch so klang wie die Musik der frühen 50er.

Doch im November 1974, kurz vor Tinas 34. Geburtstag, hatten die Turners mit »Nut Bush City Limits« noch einmal einen gemeinsamen Hit. Bezeichnenderweise hatte nicht Ike, sondern Tina dieses Stück über ihre Heimatstadt geschrieben. Es sollte die letzte Platte sein, die die beiden in die Top 30 brachte. In Europa war die Single sogar noch erfolgreicher: In Großbritannien erreichte sie den zweiten Platz der Charts.

Dieser kurze Erfolg wirkte sich jedoch nicht positiv auf die Ehe von Ike und Tina aus. Ike war im Lauf der letzten Jahre sogar noch unberechenbarer geworden, wobei seine Launen sicher auch mit seinem Kokainkonsum in Zusammenhang standen. Er begann sich Sorgen um seine Nase zu machen, deren Schleimhäute durch den häufigen Gebrauch der Droge sehr in Mitleidenschaft gezogen worden waren. Es kam sogar soweit, daß Musiker nicht mehr in seinem Bolic-Studio arbeiten wollten, weil Kokain ins Mischpult geraten war.

1975 brachten Ike und Tina mit »Baby – Get It On« ihre letzte gemeinsame Single heraus. Sie erklomm mühsam Platz 88 der Charts, dann verschwand sie wieder. Die Zeit der Hits war endgültig vorüber, und auch Tinas Geduld mit Ike näherte sich dem Ende. In den letzten Jahren hatte sie sich ihre eigene Welt aufgebaut. Noch existierte diese Welt nur in ihrem Innern, aber nun war der Moment gekommen, wo Tina spürte, daß sie endlich genug Mut aufbringen würde, Ike zu verlassen – ganz egal, wie die Zukunft ohne ihn aussehen mochte, sie würde sie nach diesen Jahren des Psychoterrors meistern.

Doch der erste Versuch, Ike und die Vergangenheit hinter sich zu lassen, scheiterte. Tina war zu einer Cousine gezogen, aber Ike fand sehr schnell heraus, wohin sie sich geflüchtet hatte, und sie mußte zurückkehren. »Natürlich verprügelte er mich. Dann griff er nach einem Schürhaken, und ich glaubte schon, er würde mich damit schlagen. Aber er schlug mich nicht – was weiß ich, aus welchem Grund. Er hielt mir das Ding nur unter die Nase und verbog es mit seinen Händen, um mir zu zeigen, wozu er fähig war«, schreibt Tina über diese Episode in ihrer Biographie.

Kurze Zeit später wagte sie einen zweiten Versuch, und diesmal nahm sie die Jungen mit. Zwei Wochen lang blieb sie verschwunden. Danach wurde ihr klar, daß dies nicht der richtige Weg war, mit ihrer Vergangenheit abzuschließen. Sie wollte nicht fliehen – Tina empfand dies als feige. Sie mußte diese Ehe zu einem endgültigen Abschluß bringen und dann ihr neues Leben beginnen. Also kehrte sie zu Ike zurück, und fast schien es so, als habe auch er sich ein wenig geändert: Seine Gewalttätigkeiten wurden weniger. Ike hatte Angst vor dieser neuen Tina. Vor allem aber hatte er Angst, daß er sie wirklich verlieren könnte.

Wie wenig Ike im Grunde von dem verstand, was Tina bewegte, beweist ein Gespräch mit Bob Gruen, einem Fotografen und Filmemacher, der vor einigen Jahren die Revue aufgenommen hatte. Seitdem verband die beiden Männer ein lockeres freundschaftliches Verhältnis. Nun kehrte Bob Gruen nach Los Angeles zurück, weil seine Frau ihn verlassen hatte. Bob und Ike sprachen über ihre Ehen, und Bob versuchte Ike klarzumachen, daß Frauen heute ihr eigenes Leben leben und nicht mehr im Schatten ihrer Männer stehen wollten.

Aber Ike hatte offensichtlich nie darüber nachgedacht, daß man seine Frau nicht jahrelang herumkommandieren, nach Belieben verprügeln und dann auch noch von ihr erwarten konnte, daß sie einen weiterhin als starken Mann bewunderte. Für ihn waren Frauen in erster Linie Sexualobjekte, die man für die eigenen Zwecke benutzen konnte. Daß sie eigene Gedanken und Gefühle hatten, konnte oder wollte er nicht wahrhaben. Folglich begriff Ike nichts von dem, was Bob Gruen, der seine Lektion offensichtlich gelernt hatte, ihm sagen wollte. Alles, was Ike dazu einfiel, war die Bemerkung, Tina habe auf ihn nie den Eindruck gemacht, daß sie sich nicht wohl fühle.

Neben der privaten näherte sich auch die berufliche Koexistenz der Turners in rasender Talfahrt ihrem Ende. Da sie keine Hits mehr hatten, wurden auch die Engagements seltener. Das galt besonders für die Staaten, während in Europa, dem Fernen Osten und Australien nach wie vor viele Fans die Revue sehen wollten. Deshalb gingen die Turners 1975 auf eine Welttour. Nach ihrer Rückkehr schloß sich Ike sofort in seinem Studio ein. Um ihn herum brach eine Welt zusammen, aber er verbarrikadierte sich in seiner Festung und schottete sich gegen alle Veränderungen ab.

1976 feierten die Staaten ihren 200. Geburtstag, und ihr Präsident Gerald Ford appellierte in einer Rede an das amerikanische Volk, »weiterhin ins Unbekannte vorzudringen«. Tina bezog diese Worte auf ihr eigenes Leben und nahm seine Aufforderung wörtlich. Nach der Watergate-Affäre um ihren ehemaligen Präsidenten Richard Nixon brauchten die Amerikaner neue Träume, eine neue Zukunft.

Auch Tina brauchte eine neue Zukunft. Im Frühsommer begann die Revue eine weitere Tour, die in Dallas Premiere hatte. Es war der 4. Juli, und auf dem Weg zum Flughafen kam es zwischen Ike und Tina zum ersten Streit dieses denkwürdigen Tages. Ike bot Tina einen halbgeschmolzenen Schokoladenriegel an, und als sie ihn angewidert zurückwies, schlug Ike zu – nicht fest, aber dieser eine Schlag brachte das Faß zum Überlaufen. Als Ike im Flugzeug seine übliche Liegestellung einnehmen wollte, nämlich zwischen seine Businessmanagerin Ann Cain und Tina »gebettet«, spielte Tina dieses entwürdigende Spiel nicht länger mit, sondern suchte sich einen anderen Platz. Im Flugzeug konnte Ike seine Wut über diese offene Rebellion nicht auslassen, aber auf dem Weg vom Flughafen in Dallas zum Hilton Hotel verprügelte er sie erneut.

Als sie das Hotel erreichten, war Tinas linke Gesichtshälfte völlig angeschwollen. Ike verbreitete seine übliche Ausrede: daß sie einen Unfall gehabt habe. Doch Tina beschloß für sich, daß dieser Tag ihr ganz persönlicher Unabhängigkeitstag werden sollte. Sie wußte, daß sie vorsichtig zu Werke gehen mußte, denn Ike durfte auf gar keinen

Fall etwas von ihren Fluchtgedanken merken. Also verhielt sie sich ruhig, als sie in ihrem gemeinsamen Zimmer ankamen. Sie brachte es sogar fertig, Ike den Rücken zu massieren – wie sie das oft tat –, bis er eingeschlafen war. Dann warf sie hastig ein Cape über ihr blutverschmiertes Kleid, band sich ein Kopftuch um, weil sie die Perücke nicht auf ihren verletzten Kopf setzen konnte, und stopfte ein paar Kosmetikartikel in eine kleine Tasche. So verließ sie Ike. Außer einer Kreditkarte und 35 Cent hatte sie nichts dabei.

Tina hatte nicht die geringste Ahnung, wer ihr in dieser schwierigen Situation beistehen könnte. Ihre Mutter Zelma paßte auf Ikes Haus in St. Louis auf, an sie konnte sie sich also nicht wenden. Ihre Schwester Alline, die das Haus in Los Angeles bewohnte, hatte soviel Angst vor Ike wie alle anderen und hätte sie sicher verraten. Schließlich landete Tina im Ramada Inn, einem Hotel nicht weit vom Hilton entfernt, und dessen Manager erwies sich als liebenswürdig und hilfreich, nachdem er einen Blick auf Tinas entstelltes Gesicht geworfen hatte. Er verzichtete auf sofortige Bezahlung und gab ihr trotzdem seine beste Suite. Schließlich rief Tina in ihrer Not Nate Tabor an. Nate war zwar Ikes Anwalt, aber er war unparteiisch und wußte, wie schlecht es um die Ehe der Turners bestellt war. Nate versprach ihr zu helfen. Am nächsten Tag schickte er Bekannte mit einem Wagen zum Ramada Inn, die Tina abholten und zum Flughafen brachten. Dort hatte er ein Ticket nach Los Angeles für sie hinterlegt.

Während dieser ersten 24 Stunden ihrer neugewonnenen Freiheit litt Tina Höllenqualen. Sie hatte furchtbare Angst, daß Ike sie irgendwie abfangen könnte, und ihr graute vor dem, was dann passieren würde. Sie war nicht nur erneut fortgelaufen, sie hatte außerdem den Auftritt und damit die ganze Tour platzen lassen. Jetzt war sie zwar endlich frei, aber sie wußte, daß dies noch lange nicht das Ende war.

Help

»*Ich hatte 16 Jahre lang gearbeitet, um Ike und Tina Turner aufzubauen und alles, was diese Partnerschaft geschaffen hatte. Nun hatte Ike das alles. Das war nicht fair, aber kein Geldbetrag, egal wie hoch, war seine Attacken wert. Ich kapitulierte.*«
(Tina Turner in ihrer Biographie »Ich, Tina«)

Jeder Neuanfang ist schwer und mit großer Unsicherheit und vielen Ängsten verbunden. Hätte Tina geahnt, was noch alles auf sie zukommen sollte, dann hätte sie die Kraft zur Trennung von Ike vielleicht nicht aufgebracht. Denn nun begann ein zermürbender Kleinkrieg, da Ike keineswegs vorhatte, sie kampflos gehen zu lassen. Er verstand zwar nicht, warum sie ihn verlassen hatte, aber er sah, daß seine Geschäfte schlecht liefen und daß sie wohl noch schlechter gehen würden, wenn er den Star seiner Revue verlor. So fing er an, Tina nachzuspionieren und die Menschen, bei denen sie Unterschlupf fand, unter Druck zu setzen. Er wollte erreichen, daß niemand ihr mehr half, weil er dachte, daß sie dann klein beigeben und wieder zu ihm zurückkommen würde.

Er begann mit Nate Tabor. Zu ihm hatte Tina sich an diesem ersten Wochenende ihrer neugewonnenen Freiheit geflüchtet. Als Ike Nate Tabor und dessen Familie bedrohte, bekam der es mit der Angst zu tun, wohl wissend, wie unberechenbar Ike in seiner Wut sein konnte. Also zog Tina zu einer Freundin namens Maria Booker, die ihr schon einmal zur Seite gestanden hatte. Auch das war keine Dauerlösung, denn es stand zu befürchten, daß Ike sie hier rasch aufspüren würde. In den folgenden zwei Monaten befand sich Tina ständig auf der Flucht und wohnte immer nur kurze Zeit bei verschiedenen Freunden und Bekannten. Sie führte den Menschen, deren Tür sich für sie geöffnet hatte, den Haushalt: Sie kochte, wusch, putzte, bügelte. Da sie kein eigenes Geld hatte, vergalt sie die Hilfe ihrer Freunde durch Arbeitsleistung. Sie wollte keine Almosen annehmen, vor allem aber wollte sie sich ihren Stolz bewahren. Außerdem lenkte die Arbeit sie ab und half ihr, nicht in trübe Gedanken zu verfallen. Schließlich kam Tina zu Anna Bookers Schwester Anna Maria Shorter, die ein Haus auf dem Lookout Mountain am Rande von Los Angeles bewohnte und wie Tina praktizierende Buddhistin war.

Ganz langsam gewöhnte sich Tina daran, auf sich allein gestellt zu sein. Ike hatte sie seit Wochen nicht mehr belästigt, und sie hoffte, daß er aufgegeben oder wenigstens ihre Spur verloren hatte. Doch so einfach wollte Ike seine Niederlage nicht einstecken. Eines Tages, als Tina mit Anna Maria im benachbarten Supermarkt einkaufte, bemerkte sie plötzlich einen Mann, der ihr schon früher aufgefallen war. Obwohl sie sich mit einer großen Sonnenbrille und einem Kopftuch getarnt hatte, schlich er in ihrer Nähe herum und schien sie zu erkennen. Am gleichen Abend klingelte es bei den Shorters. Robbie Montgomery, eine Ex-Ikette, die Tina sehr gern gehabt hatte, stand vor dem Haus.

Es stellte sich heraus, daß Ike sich an das Mädchen herangemacht und es gebeten hatte, zwischen ihm und Tina zu vermitteln. Robbie sollte Tina zu einem Gespräch mit Ike überreden, der draußen im Garten wartete. Aber Tina war mißtrauisch und hatte viel zu große Angst vor einer Begegnung mit ihrem Mann. Sie witterte eine Falle und rief die Polizei. Ike mußte das Privatgrundstück der Shorters verlassen. Doch er dachte nicht daran, klein beizugeben. Nun überredete er Anna Marias Schwester, auf Tina einzureden, bis diese den zermürbenden Kleinkrieg satt hatte und in ein Treffen einwilligte. Immerhin war sie klug genug, darauf zu bestehen, daß sie sich in einem öffentlichen Café trafen. Aber das Gespräch brachte beiden nichts: »Ich machte ihm klar, daß ich nie mehr zu ihm zurückkehren würde. Er brachte mich zu Anna Maria zurück, ich stieg aus dem Wagen und sagte good bye.«

Ikes ständige Attacken waren nur ein Problem. Dazu kam, daß Tinas Ausfall der Revue große Schwierigkeiten verursachte. Die

Tourneeveranstalter hatten die Revue mit Tina als Star gebucht. Nun fehlte die Hauptattraktion der Show. Deshalb mußten alle Termine abgesagt werden, und die Tourneeveranstalter klagten auf Schadenersatz. Ike ließ diese Klage zunächst völlig kalt – schließlich hatte er diese Katastrophe nicht heraufbeschworen. Tina hatte ihn im Stich gelassen. So jedenfalls sah er die Dinge. Er schloß sich in seinem Studio ein und überließ es anderen, alles zurechtzubiegen. Und er schickte alle vier Jungen zu Tina. Die freute sich zwar sehr, die Kinder nun bei sich zu haben, aber ihr Kommen brachte gleichzeitig neue Probleme: Zu fünft konnten sie unmöglich längere Zeit bei Anna Maria wohnen. Genau damit hatte Ike wohl gerechnet, und nun spielte er einen weiteren Trumpf aus: Er überwies Tina genau 1000 Dollar. Das war gerade genug, um die Miete für ein kleines Haus im Laurel Canyon für einen Monat zu bezahlen. Ike hoffte wohl immer noch, daß Tina nach dieser Bedenkzeit einsehen würde, wie dumm sie gewesen war und daß sie es ohne ihn niemals schaffen würde. Vielleicht würde sie dann endlich Vernunft annehmen und wieder zu ihm zurückkommen.

Doch Tina hatte ganz andere Pläne. Endlich auf sich allein gestellt, begann sie, ihre Zukunft neu zu planen. Sie hatte kein Geld und keine Arbeit, aber sie hatte es endlich geschafft, sich von Ike zu lösen, und um nichts in der Welt hätte sie das Gefühl ihrer neugewonnenen Freiheit missen wollen. Sie fühlte sich kräftig und stark, und sie wußte, daß sie es irgendwie schaffen würde, auch finanziell wieder auf die Beine zu kommen. Jetzt mußte sie erstmal ihre Schulden bezahlen, denn die Tourneeveranstalter wollten das Geld für die geplatzte Konzertreise von ihr als der Verursacherin des Schadens. Also rief Tina Rhonda Graam an.

Rhonda war seit dem Ausscheiden aus Ikes Unternehmen arbeitslos, aber sie verfügte noch über viele Kontakte in der Musikbranche. Nun begann sie, gemeinsam mit Tina deren zweite Karriere aufzubauen, und brachte sie in den Fernsehshows unter, die sie kannte, z. B. dem TV-Special von Cher. Diese Shows waren Tinas einzige Einnahmequelle, denn öffentliche Auftritte in Clubs oder kleinen Hallen mit einer eigenen Begleitband konnte sie sich nicht leisten.

Dann traf sie ein neuerlicher Schicksalsschlag. Nate Tabor legte den Rechtsbeistand für sie nieder, weil er sich Ikes immer massiver werdendem Druck nicht mehr gewachsen fühlte. Glücklicherweise fand Tina wenig später durch Ann-Margrets Mann Roger Smith, der durch die auch in Deutschland bekannte Kriminalserie »77 Sunset Strip« populär geworden war, zu Arthur Leeds. Leeds galt in Los Angeles als einer der gewieftesten Scheidungsanwälte überhaupt. Knapp einen Monat, nachdem sie Ike verlassen hatte, wurde Tinas Antrag auf Scheidung wegen »unüberbrückbarer Gegensätze« beim Los Angeles Superior Court eingereicht. Ihre gesamten Forderungen beliefen sich auf die monatliche Zahlung von 4000 Dollar für sie selbst sowie weitere 1000 Dollar für die Kinder. Außer dem ständigen Sorgerecht für ihren eigenen Sohn Craig wollte sie auch das Sorgerecht für Ronnie, ihren gemeinsamen Sohn mit Ike. Ihrem Anwalt standen bei diesen minimalen Forderungen förmlich die Haare zu Berge, denn nach kalifornischem Gesetz hatte Tina Anspruch auf die Hälfte des gemeinsamen Vermögens. Aber sie machte Leeds klar, daß sie nur eins wollte: endlich ihre Freiheit.

Ike verfügte zwar noch über jede Menge Geld, aber die Turners waren damals ohne Plattenvertrag, und Ike sah seine Zukunft als Musiker gefährdet. Deshalb wandte er sich an Mike Stewart, den Chef der Plattenfirma United Artists. Auch Tina wurde zu diesem Treffen eingeladen. Sie ging auch hin, machte aber sofort deutlich, daß sie mehr wollte als eine private Scheidung. Sie wollte in Zukunft auch in beruflicher Hinsicht nichts mehr mit Ike zu tun haben. Damit handelte sie sich neuen Ärger ein, denn Ike war völlig klar, daß er ohne Tina große Schwierigkeiten haben würde, einen neuen Plattenvertrag zu bekommen. Er könnte dann zwar immer noch andere Bands in seinem Studio produzieren, aber mit den eigenen Plattenaufnahmen würde es vorbei sein.

Darauf geschahen seltsame Dinge in Tinas Umgebung. In Rhonda Graams Haus in Reseda brach zweimal Feuer aus, nachdem sie begonnen hatte, für Tina zu arbeiten. Die Fenster des Gebäudes wurden mit einer Schrotflinte zerschossen. Vor Tinas eigenem Haus fielen Gewehrschüsse. Eine Zeitlang zog Tina es daraufhin vor, nicht in ihrem Bett zu schlafen, sondern lieber eine Matratze im sicheren Wandschrank auszubreiten. Trotzdem dachte sie nicht einen Moment lang daran, nachzugeben.

United Artists schlug Tina Mike Stewart als Manager vor. Stewart war zwar locker mit Ike befreundet, aber Tina ging trotzdem auf diesen Vorschlag ein, weil er ihre einzige Kontaktperson in einer Plattenfirma war. Jetzt mußte sie den Preis dafür zahlen, daß sie sich nie um die geschäftliche Seite der Revue gekümmert hatte. Stewart verfügte über weitaus mehr Beziehungen und Verbindungen als Rhonda Graam. Er schlug die Varieté-Shows der großen Hotels als Startrampe für Tinas neue Karriere vor. Damit sie sich eine eigene Show aufbauen konnte, zahlte er ihr einen entsprechenden Vorschuß. Zwei Männer und zwei Frauen wurden engagiert, professionelle Tänzer, die Tina auf der Bühne unterstützen sollten.

Natürlich war dieses Unternehmen ein künstlerischer Abstieg, und ganz sicher war es nicht das, was Tina sich vorgestellt hatte. Aber es war ein Anfang, und sie verdiente endlich eigenes Geld. 1977 war das »Saturday Night Fever« ausgebrochen, und Tina baute diese immens beliebten Disco-Songs in ihr Repertoire mit ein. Selbstverständlich sang sie auch solche Titel, mit denen das Publikum sie identifizierte: »Proud Mary«, »Honky Tonk Woman«, »Nut Bush City Limits«. Nur »Poor Fool« hatte sie aus ihrem Repertoire gestrichen, denn ein »armer Narr« war sie lange genug gewesen. Statt dessen fügte sie einige Balladen hinzu, um ihren Fans zu zeigen, daß sie wirklich singen konnte.

Während Tina durch die Hotels tingelte, ließ ihr Anwalt das gemeinsame Vermögen der Turners schätzen. Immerhin besaß Ike neben vier Musikgesellschaften ein Grundstück von beträchtlichem Wert und mehrere Sportwagen und Limousinen. Es ging ihm also keineswegs schlecht. Tina begann zwar, Geld zu verdienen, aber ihr blieb kaum etwas zum leben übrig. Was sie nicht für ihre Produktionen ausgab, holten sich durch einen gerichtlichen Pfändungsbeschluß die Tourneeveranstalter der geplatzten Tour.

Trotzdem fing Tina an, ihr Leben zu genießen, weil es ihr Leben war. Leider litten ihre Söhne und auch Ikes beide Jungen, die ebenfalls bei Tina lebten, unter dieser neuen Situation. Besonders Michael schien die Trennung von Ike nicht zu verkraften. Und da Tina wie früher mehr unterwegs als zu Hause war, sah sie sich nach einer Haushaltshilfe um. Schließlich holte sie Ann Cain zurück, die von allen Hausmädchen mit den Jungen am besten ausgekommen war. Craig, Michael, Ronnie und Ike Junior hätten wohl etwas anderes ge-

braucht als ein Kindermädchen, das versuchte, sie unter Kontrolle zu halten. Immerhin waren sie alle bereits im fortgeschrittenen Teenageralter. Es war für Tina aber unmöglich, die Jungen mit auf Tournee zu nehmen; schließlich mußten sie ja zur Schule. Damit hatte sie ein Problem, das viele berufstätige Mütter kennen, die ihre Kinder allein erziehen: Bleibe ich zu Hause und kümmere mich um meine Kinder, dann reicht das Geld nicht – gehe ich arbeiten, geht diese Zeit meinen Kindern verloren. Tina hatte keine Wahl: Sie mußte arbeiten, um ihre Schulden zu bezahlen.

Back
Where You Started

»*Ich habe mir Dinge voraussagen lassen, aber das hatte keinen Einfluß auf mein Leben. Ich höre mir die Kassetten mit den Voraussagen immer erst ein Jahr später an, im Rückblick, um zu sehen, ob alles so eingetroffen ist. Ich will diesen Einfluß nicht. Wenn mir ein Medium prophezeit, daß ich sehr reich werde, kann ich mich schließlich nicht zu Hause zurücklegen und sagen: Ich tu gar nichts; ich werde ja sowieso reich. Ich muß selbst handeln.*« (Tina Turner 1989 in einem Interview mit »Brigitte«)

Königin Hatschepsut lebte 1500 Jahre vor unserer Zeitrechnung im alten Ägypten und genoß zunächst an der Seite ihres Mannes, des Pharao Thutmosis II., ein sicheres Dasein. Doch als er starb, ging die Regentschaft an seinen Sohn Thutmosis III. über. Der Junge, der aus einer anderen Ehe des Pharao stammte, war mit seinen zehn Jahren noch zu klein, um ein Volk zu lenken, und so ließ sich Hatschepsut – legitimiert durch ein Orakel des Amun – im zweiten Regierungsjahr selbst zum Pharao krönen und verdrängte ihren Stiefsohn. Zwanzig Jahre lang lenkte sie die Geschicke des Königreiches am Nil und erhielt ihm den Frieden. Nach ihrem Tod entluden sich Thutmosis' aufgestaute Kraft und sein Haß auf die Königin in zahlreichen Feldzügen nach Palästina, Syrien und Nubien.

Tina erfuhr von Hatschepsut durch Carol Dryer, einer Kartenlegerin aus Los Angeles. Nach wie vor fand Tina bei diesen modernen Prophetinnen Trost, denn viele sagten ihr immer wieder, daß sich in ihrem Leben letzten Endes alles zum Guten wenden werde. Die Begegnung mit Carol Dryer war für Tina allein schon deshalb spannend, weil diese sich mit Reinkarnation beschäftigte – der Theorie von einem früheren Leben und der Wiedergeburt. Nach ihr geht man davon aus, daß jeder Mensch schon einmal gelebt hat und sich mit Hilfe eines Therapeuten wieder an seine früheren Leben erinnern und aus vergangenen Fehlern lernen kann.

Carol Dryer erzählte Tina die Geschichte von der ägyptischen Königin Hatschepsut. Während Tina zuhörte, kam es ihr so vor, als habe sie das alles schon einmal gehört, so wie damals, als sie durch Zufall auf einen Bildband über Ägypten stieß und während des Durchblätterns plötzlich dieses irritierende Déjà-vu-Erlebnis hatte. Und nun erklärte ihr Carol Dryer, daß sie in einem anderen Leben womöglich als Hatschepsut gelebt hatte und daß ihr jetziges Leben deshalb so schwer war, weil sie eine frühere »Schuld« noch nicht beglichen hatte.

»Carol erzählte mir, daß Hatschepsut den Thron von ihrem Stiefsohn übernommen hatte, weil sie wußte, daß er Ägypten am Ende vernichten werde, aber daß ich, Hatschepsut, nicht das Recht hatte, ihm den Thron wegzunehmen. So entstand Karma, die Schuld aus einem anderen Leben, die ich in diesem Leben sühnen mußte«, schreibt Tina Turner in ihrer Biographie. Endlich fand sie für sich selbst eine Erklärung dafür, warum sie so lange bei Ike ausgehalten hatte. Auch wenn Tina nicht jedes Wort der Kartenlegerinnen oder Astrologen glaubte, waren sie ihr in jenen Jahren doch eine große Hilfe, um mit der Vergangenheit abzuschließen und ein neues Leben mutig anzupacken.

Die Scheidung schleppte sich über viele Monate hin, vor allem deshalb, weil Ike immer wieder mit neuen überraschenden Forderungen kam. Zum Beispiel verlangte er von Tina 750 000 Dollar als »Rufentschädigung«. Er behauptete, Tina habe durch ihre Flucht auch die Einheit Ike und Tina Turner zerstört, auf der sein geschäftliches Image basierte, und die Höhe der Schädigung gab er mit einer dreiviertel Million Dollar an. Am Ende war Tina mit ihren Nerven am Ende und gab auf. Die Scheidung wurde im November 1977 besiegelt, aber erst Ende März 1978 ausgesprochen. Tina wurden zwei Jaguars und die Tantiemen aus den von ihr geschriebenen Songs zugesprochen. Ike behielt das Studio, vier Wagen, den Besitz in North Valley ... Dafür hatte Tina endlich das, was ihr im Moment am wichtigsten war: ihre Unabhängigkeit.

Auf der anderen Seite mußte sie sich nun ernsthaft Gedanken darüber machen, was aus den Jungen werden sollte, mit denen sie immer weniger klarkam. Craig und Ike Junior wurden bald zwanzig. Craig wäre gern aufs College gegangen, doch Tina konnte damals das Geld für einen solchen Schulbesuch nicht aufbringen, und so trat er der Marine bei. Trotzdem hatte sie mit ihm die geringsten Schwierigkeiten. Ike Junior hatte eine Menge im Tonstudio seines Vaters gelernt. Eine Weile arbeitete er für Tina, kehrte dann aber zu seinem Vater zurück.

Ronnie, damals noch keine 18 Jahre alt, war mit Drogen in Kontakt gekommen. Tina brachte ihn in einer Privatschule im ländlichen Oregon unter. Dort kam er mit der Scientology-Sekte in Kontakt, die ihn positiv zu beeinflussen schien. Doch als er nach Los Angeles zurückkam, fingen die alten Probleme wieder von vorne an. Als Tina in ein neues Haus am Sherman Oak umzog, zog Ronnie zu einer Freundin. Die Miete für das Apartment überließ er allerdings seiner Mutter . . .

Am schlimmsten hatte sich die Scheidung von Ike und Tina auf den sensiblen Michael ausgewirkt. Er war damals 19, ein eher introvertierter junger Mann, der oft stundenlang auf seiner Gitarre herumklimperte. Tina war klar, daß er unter seelischen Problemen litt, aber sie sah sich außerstande, ihm zu helfen, weil sie zu sehr damit beschäftigt war, sich ihr eigenes Leben aufzubauen. Schließlich kehrte Michael wieder zu seinem Vater zurück. Auch Tina fand, daß er dort wohl besser aufgehoben war.

Die Beziehung zwischen ihr und ihren Söhnen war auch deshalb von Spannungen gezeichnet, weil die Jungen plötzlich gezwungen waren, ein ganz anderes Leben zu führen. Der Luxus der früheren Jahre war vorbei, denn Tina mußte in der Anfangszeit jeden Cent umdrehen, ehe sie ihn ausgeben konnte.

Ihr Leben bestand immer noch aus harter Arbeit, und es gab wenig Ruhepausen. 1978 erschien ihre erste eigene LP. »Rough« bestand aus Coverversionen, die die Richtung ankündigten, die Tina einschlagen wollte: mehr weißer Rock und weniger schwarzer Blues.

Seite 100/101: Szenen aus Tinas Tingelzeit

Das Album verkaufte sich überhaupt nicht, denn niemand interessierte sich 1978 für die Solokünstlerin Tina Turner. Hinzu kam, daß Tinas Plattenfirma United Artists in finanziellen Schwierigkeiten steckte. Capitol/EMI, eine in London ansässige große Firma, war dabei, United Artists aufzukaufen. EMI London hielt viel von Tinas Talent und behielt sie deshalb ebenso unter Vertrag wie ihre Plattenfirma in Australien.

1979 begann Tina, sich um ihr Image zu sorgen. Wie lange konnte sie dieses Tingeldasein noch aushalten? Zwar verdiente sie gutes Geld dabei, doch die Auftrittsorte – in der Regel die großen Hotelketten wie Fairmont – gefielen ihr ebenso wenig wie das gesetzte, oft spießige Publikum. Ihr 40. Geburtstag stand kurz bevor – ein Alter, das jeder Frau Kopfzerbrechen bereitet, auch wenn sie das nicht immer zugeben mag. Noch problematischer ist es jedoch für eine Künstlerin, die in der Öffentlichkeit steht. Eine Schauspielerin hat da weniger Schwierigkeiten, weil sie im Lauf der Jahre in Rollen hineinwachsen kann, die ihrem Alter entsprechen. Für eine Sängerin sieht das ganz anders aus. Sie bewegt sich in einem Geschäft, das in erster Linie auf die Jugend setzt. Auch die Fans sind in der Regel jünger als 30. Sich als Frau in diesem Bereich weiterzuentwickeln und trotzdem seine Fans zu behalten, ja sogar Millionen neuer hinzuzugewinnen, ist eigentlich nur Tina Turner gelungen.

Es gelang ihr mit Hilfe der richtigen Leute und Verbindungen, denn: Ohne einen Plattenvertrag mit einer großen Firma, ohne entsprechende Werbung für die Platte und vor allem ohne ein gutes Management, das sich wirklich für seine Künstler einsetzt, ist Erfolg kaum möglich. Talent, Disziplin und harte Arbeit sind am Anfang einer Karriere unerläßlich, doch dann kommt ein Punkt, wo der Musiker auf die Unterstützung eines Profis oder einer großen Plattenfirma angewiesen ist. Tina sah ein, daß sie ohne diese Hilfe im Tingeltangel steckenbleiben würde, und Rhonda Graam verfügte nicht über die notwendigen Kontakte, um ihr aus diesem Milieu herauszuhelfen. Und doch war es Rhonda, ohne die die neue, entscheidende Verbindung nicht zustande gekommen wäre.

Rhonda vermittelte Tina ein Engagement in dem TV-Special »Hollywood Nights«. Mit von der Partie war auch Olivia Newton-John, die sich durch Disco-Filme wie »Grease« und »Xanadu« an der Seite von John Travolta ganz nach oben in die Hitparaden getanzt hatte. Ihr Manager, der gleichzeitig auch ihr Freund war, hieß Lee Kramer. Rava Daly, eine von Tinas Tänzerinnen, hatte mit ihm gesprochen, und so erfuhr Tina, daß er auf der Suche nach neuen Talenten war. Vielleicht war er der neue Mann in ihrem Leben: einer, der ihrer Karriere auf die Sprünge helfen konnte. Also nahm sie mit ihm Kontakt auf.

Lee Kramer hatte einen Partner, den 27jährigen Australier Roger Davies. Davies hatte bereits eine bewegte Vergangenheit hinter sich. Mit 13 importierte er Platten aus England, gab mit Freunden einen Newsletter heraus und schmiß später die High School. Abends arbeitete er als Roadie, tagsüber in einer Agentur, die Konzerte buchte. Bald hatte er sich so viele Tricks und Kniffe abgeguckt, daß er sein eigenes Managementbüro gründen konnte. Unter den Bands, die er vertrat, befanden sich auch The Sherbets, die sich später The Sherbs nannten und in ihrer Heimat beachtliche drei Millionen Platten verkauften. Ein eigenes Label wurde gegründet, viel Geld verdient, aber auch viel Geld wieder verpulvert.

Als sich The Sherbs 1978 trennten, beschloß Davies, einen neuen Anfang zu wagen. Er zog nach Los Angeles, denn das sonnige Kalifornien hatte ihn schon lange gereizt. Genug Geld, um sich ein Jahr lang über Wasser halten zu können, besaß er, und so nutzte er diese zwölf Monate, um sich neue Verbindungen und Kontakte in der dortigen Musikszene aufzubauen. Los Angeles macht es einem Newcomer nicht gerade leicht, doch eines Tages sprach ihn ein Mann an und fragte, ob er nicht für seine Agentur arbeiten wolle. Der Mann hieß Lee Kramer. Er war durch seine australische Freundin Olivia auf Roger Davies aufmerksam geworden, die ihn von früher her kannte. Lee Kramer hatte Roger Davies eine ganze Weile beobachtet und war zu dem Schluß gekommen, daß er diesen Mann gut gebrauchen konnte.

Nun eröffnete Kramer seinem Partner, daß Tina Turner nach einem Management suchte. Natürlich erinnerte Davies sich an Tina, die mit der Ike & Tina Turner Revue in Australien sehr populär gewesen war. Aber das lag zehn Jahre zurück, und in der schnellebigen Musikbranche ist das eine halbe Ewigkeit. Trotz seiner Skepsis war er bei dem Treffen mit Tina dabei. Sie brachte ein Demo-Band mit, daß sie bei Ike aufgenommen hatte, weil ihr kein anderes Studio zur Verfügung stand. Weder Lee Kramer noch Roger Davies waren von diesem Material begeistert. Eine 40jährige Frau, die sich eine Perücke auf den Kopf stülpte und in einem superkurzen Paillettenfummel über die Bühne tobte, als sei der Leibhaftige hinter ihr her, umrahmt von zwei Tänzern und zwei Tänzerinnen und einer Bluesband – wie sollte man die managen? Erschwerend kam noch hinzu, daß Tina keine eigenen Songs schrieb, sondern nur Coverversionen sang.

Obwohl sie alles andere als überzeugt waren, eine zukünftige Klientin gefunden zu haben, beschlossen Lee Kramer und Roger Davies, sich Tina Turner live anzusehen, ehe sie sich ein endgültiges Urteil bildeten.

Ball
Of Confusion

»Wenn es um das eigene Schicksal geht, ist jeder letztendlich für sich selbst verantwortlich. Ich glaube, mein Beitrag für die Sache der Schwarzen ist die Art, wie ich meine Karriere und mein Leben angepackt habe. In zehn, fünfzehn Jahren, wenn ich meine Karriere als Sängerin und Schauspielerin beendet habe, werde ich mich dieser Bewegung widmen. Aber im Moment bin ich vom Wissen her noch nicht soweit.«
(Tina Turner 1989 in einem Interview mit »ME/SOUNDS«)

Das Fairmont Hotel in San Francisco war ein bizarrer Auftrittsort für eine Sängerin, die eigentlich bodenständigen, harten Rock für ein junggebliebenes Publikum singen wollte. Von der Decke hingen riesige Kristallüster, die Männer trugen Smokings und die Frauen Abendkleider. Alles wirkte spießig. Doch dann kam Tina, und obwohl sie nur Coverversionen sang, riß sie das biedere Publikum zu Begeisterungsstürmen hin. Einige der Männer begannen sogar, auf den Tischen zu tanzen.

Kramer und Davies sahen sich an, und die Entscheidung war gefallen: Sie würden Tina Turner als Klientin in ihre Kartei aufnehmen. Wenn eine Frau unter solch widrigen Bedingungen begeistern konnte, steckte in ihr ein großes Potential. Kramer und Davies spürten, daß ihre Agentur von Tina finanziell profitieren würde, wenn es gelänge, ihr ein anderes Image zu geben.

Kramer vertraute Tinas Betreuung seinem Partner Roger Davies an. Behutsam ging er daran, Tinas Outfit für die Show zu verändern: Es mußte hundertprozentig stimmen und ihre Show unterstützen, und deshalb nahm sich Davies dafür viel Zeit.

1979 erhielt er für Tina ein Angebot für eine fünfwöchige Tournee durch Südafrika. Mit 150 000 Dollar war die Gage geradezu traumhaft, denn Tina stand bei den Finanzbehörden noch immer mit 200 000 Dollar in der Kreide. Weitere 200 000 schuldete sie Mike Stewart und United Artists für die Vorfinanzierung ihrer Show.

Obwohl schon damals die Rassentrennung in Südafrika herrschte, waren Auftritte von Musikern dort noch nicht so umstritten wie heute. Davies sprach mit seinem Schützling über das Für und Wider einer solchen Tour. Gewöhnlich interessieren sich »Katzen«-Menschen nicht besonders für die großen Leiden der Menschheit, solange sie nicht selbst ganz massiv davon betroffen sind. Auch später hat Tina Turner immer wieder deutlich gemacht, daß sie sich in erster Linie als Entertainerin versteht, die mit ihren Liedern keine Botschaft vermitteln möchte, wie das beispielsweise ihre Kollegen Sting, Peter Gabriel oder Tracy Chapman tun. Für Tina bedeutet Showgeschäft in erster Linie Unterhaltung. „Eine Message ist nicht unterhaltend – um eine Tagung abzuhalten, auf der man sich mit den Problemen der Welt auseinandersetzt, braucht man kein Entertainment. Sich mit Botschaften abzugeben, liegt mir ein bißchen zu nahe an Politik. Ich bin in erster Linie Entertainerin«, sagte sie gegenüber dem Magazin »ME/SOUNDS«. Ausnahmen von dieser Regel waren Tinas Teilnahme bei der Aktion »USA For Africa« 1984, ihre Mitwirkung an der Single »We Are The World« und ihr Auftritt beim Live-Aid-Konzert 1985, doch es sind Ausnahmen geblieben.

Zwar hatte Tina während ihrer Kindheit im Süden der Staaten die Rassentrennung am eigenen Leib erfahren, doch es war ihr nie schlechtgegangen. Im Gegenteil, ihre Jobs bei weißen Familien hatten ihr eine Lebensart erschlossen, die ihr nachahmenswert erschien. Warum also sollte sie nicht in Südafrika auftreten? Außerdem glaubte sie, daß ihre Konzerte vielleicht helfen würden, die Menschen einander ein bißchen näherzubringen, denn Musik kann durchaus ein völkerverbindendes Element sein. »Jemand fragte mich: Wissen Sie eigentlich, was in diesem Land geschieht? Und ich sagte nein, weil ich es wirklich nicht wußte, außer daß dort die Rassentrennung herrschte. Ich hatte keine Ahnung, wie schlimm es dort in Wirklichkeit aussah«, erinnert sich Tina in ihrer Biographie. »Ich hatte ein neues Management und keine Plattenfirma, und ich hatte mit meinen eigenen Problemen genug zu schaffen. Seitdem bin ich auch nach Sun City, dem großen Vergnügungszentrum, eingeladen worden, aber ich habe abgelehnt." Rhonda Graam, die als Tinas Roadmanagerin mitreiste, erinnerte sich, daß sie von der Brisanz der Rassenproblematik so gut wie nichts mitbekamen.

Nach der Südafrika-Tour brach Tina zu einer ausgedehnten Konzertreise durch Australien und Südostasien auf. Es war in Bangkok, wo Roger Davies schließlich seine Unzufriedenheit über Tinas Show nicht länger zügeln konnte. Unmißverständlich machte er ihr klar, daß sie im Tingeltangel enden würde, wenn sie sich nicht endlich zu drastischen Veränderungen entschloß. Das bedeutete, daß sie sich von allem trennen und noch einmal ganz von vorne anfangen mußte. Dazu gehörten ihre langen Perücken, die sie noch immer trug, ihre Kostüme, ihre Tänzer und auch ihre Musiker, die nach Davies' Ansicht nicht über den nötigen Enthusiasmus verfügten, um die Musik aufregend und frisch zu spielen. Und auch eine Trennung von Rhonda Graam war unausweichlich: Zwei Manager, die womöglich an unterschiedlichen Strängen der neuen Karriere der Tina Turner zogen, konnten diese eher beenden als ihr dienen.

Tina wollte als Rocksängerin an die Spitze – daher zeigte sie sich einsichtsvoll. Mit Roger Davies' Hilfe stellte sie 1980 eine neue Band zusammen. Einen Sänger fand sie in Kenny More, der vom Gospel kam und Klavier spielen konnte. James Rolston, der Gitarrist, brachte seinen Freund Jack Bruno mit, ein wahres Schlagzeug-Genie. Über die beiden stieß sie auf Bob Feit, einen New Yorker Bassisten. Alle waren jung, frech und rock-erfahren und somit genau die richtigen Bühnenbegleiter für Tina. Roger Davies organisierte Jobs in so entlegenen Winkeln der Erde wie Abu Dhabi, Bahrain und Dubai, und weil die Engagements in den Staaten immer noch dünn gesät waren, schickte er seinen Schützling in den Ostblock nach Polen, Jugoslawien und in die Tschechoslowakei.

Tina ließ sich nicht entmutigen. Immerhin hatte sie Arbeit, und sie verdiente genug Geld, um ihre Schulden zurückzuzahlen. Was hätte sie auch anderes tun sollen? Schließlich war sie ihr ganzes Leben lang unterwegs gewesen und hatte immer aus dem Koffer gelebt. Aber sie war nicht da, wo sie hinwollte, und deshalb nahm Tina Demo-Bänder auf, die Davies bei den Plattenfirmen unterzubringen versuchte. Doch die winkten ab: Tina Turner, das war für sie Schnee von gestern. Davies wußte, daß er die Plattenfirmenleute nur dann für Tina interessieren konnte, wenn er etwas wirklich Außergewöhnliches anzubieten hatte – etwas, das die abgebrühten Profis neugierig machen würde.

Anfang der 80er gab es in New York eine Discothek, die in aller Munde war, das »Ritz«. Davies kannte Jerry Brandt, den Besitzer dieses heißesten Schuppens im »Big Apple«, wie die New Yorker ihre Stadt scherzhaft nennen. Er bat ihn um Unterstützung, denn Tina war seit zehn Jahren nicht mehr in New York aufgetreten. Jerry Brandt war offenbar ein Mann, der das Risiko liebte. Er stürzte sich in die Werbung für Tinas Konzert, schaltete ganzseitige Anzeigen in der renommierten Zeitschrift »Village Voice« und schleppte zur Premiere von Tinas neuer Show alles an, was Rang und Namen hatte – von Andy Warhol über Diana Ross bis zu Mick Jagger und Rod Stewart.

Endlich zeigte Roger Davies' sorgfältige Planung in Verbindung mit Tinas Selbstdisziplin und ihrer jahrzehntelangen Arbeit die verdienten Früchte. Rod Stewart trat nämlich am gleichen Wochenende in der TV-Show »Saturday Night Live« auf, und so kam es, daß die beiden am darauffolgenden Samstag gemeinsam ihre »Hot Legs« in einer Fernsehshow zeigten, die via Satellit im ganzen Land ausgestrahlt wurde.

Dann kamen die Rolling Stones. Tina besuchte sie nach einem Konzert in Los Angeles hinter der Bühne und wurde prompt gefragt, ob sie nicht wieder einmal mit ihnen auftreten wolle. Tina wollte. Und so trat sie mit ihrer Band an drei Abenden in der Brendan-Byrne-Arena in New Jersey auf, nicht weit von New York entfernt. 25 000 Zuschauer kamen, darunter jede Menge wichtiger Journalisten und Mitarbeiter der großen Plattenfirmen. Als Tina, bekleidet mit einer engen schwarzen Lederhose und hohen Leopardenstiefeln, mit Mick Jagger »Honky Tonk Woman« sang, gerieten die Massen in wilde Ekstase. Tina wurde gefeiert wie ein Superstar. Da war er also endlich, der große Durchbruch, auf den sie so viele Jahre hingearbeitet hatte.

Tina Turner meets Mick Jagger beim Live-Aid-Konzert 1985.

Auch Roger Davies war sicher, daß die Plattenfirmen nun bei Tina Schlange stehen würden. Doch dem war nicht so. Nach wie vor war das Interesse an ihr in der Alten Welt größer als in ihrer Heimat.

In England hatte sich die Musikszene bereits Mitte der 70er Jahre durch das Aufkommen des Punk radikal verändert. Vom musikalischen Standpunkt aus betrachtet, war der Punk nichts wirklich Neues: Seine rauhen, kantigen Klänge reduzierten lediglich den Rock auf dessen Grundelemente. Großbritanniens Jugend war durch den wirtschaftlichen Niedergang des Königreichs und die daraus resultierende Arbeitslosigkeit frustriert. Dazu kam die zunehmende Zahl von Einwanderern, die aus den ehemaligen Kolonien auf der Suche nach besseren Jobs ihr Glück in den englischen Großstädten suchten. Der Punk wurde zum Ventil für die Jugend, durch das sie ihren Frust ablassen konnte. Eine neue schrille Mode wurde geboren, die der eigenen Kreativität Raum gab, gleichzeitig aber schocken sollte.

In der Musik führte der Punk vor allem dazu, daß niemand mehr davor zurückschreckte, eine Gruppe zu gründen, nur weil er kein Instrument beherrschte. Anstatt passiv zu konsumieren, lautete das neue Motto »Do it yourself«. Die Unbefangenheit und Neugier der britischen Musiker auf schräge Töne hatte zur Folge, daß sich die Produktionsweise in den Studios änderte. Eine neue Riege experimentierfreudiger Musiker entstand, die nicht mehr auf Schlagzeugen trommelten oder ihre Gitarren bearbeiteten, sondern statt dessen den Musikcomputer einsetzten und mit seiner Hilfe eine völlig neue Tanzmusik entwickelten.

Zu den kreativsten Köpfen dieser neuen Techno-Dance-Szene gehörten der ehemalige Computer-Programmierer Ian Marsh und dessen Freunde Martyn Ware und Glenn Gregory. 1981 gründeten sie in Sheffield die »British Electric Foundation«. Diese Gesellschaft faßte Video- und Plattenproduktionen, einen Musikverlag und die Band Heaven 17 zusammen. 1982 widmeten sich Ian Marsh und Martyn Ware einem besonders anspruchsvollen Projekt. Für ihr B. E. F.-Unternehmen wollten sie ein Album mit all ihren Lieblings-

Tina mit Manager Roger Davies

stücken produzieren, gesungen von ihren Lieblingskünstlern. Sandie Shaw sollte einen Titel singen, Garry Glitter einen anderen. Und für den Temptations-Klassiker »Ball of Confusion« hatte sich das Duo Tina Turner ausgesucht. Tina war zunächst von dieser Idee wenig begeistert, weil sie befürchtete, dadurch wieder in die Rhythm-&-Blues-Ecke abgeschoben zu werden. Doch das britische Duo bot Roger Davies für ihre Mitarbeit 2000 Dollar sowie zwei Erste-Klasse-Flugtickets nach London. Also nahm sie den Vorschlag an und reiste in die britische Metropole. Tinas Interpretation des Stückes bewies, daß es möglich war, alte Rhythm-&-Blues-Stücke durch neue Produktionsweisen so aufzupeppen, daß auch junge Leute sich wieder für diese Musik begeistern konnten.

Doch das Album »Music of Quality & Distinction«, auf dem sich dieser Titel befand, wurde in den USA nie veröffentlicht, und so kam es, daß die dortigen Plattenfirmen sich nach wie vor nicht an Tina interessiert zeigten. Das änderte sich erst im Spätsommer 1984. Roger Davies war gerade dabei, eine weitere Show für Tina im New Yorker »Ritz« vorzubereiten, als er einen Anruf vom örtlichen Büro der Plattenfirma Capitol, des amerikanischen Ablegers von Tinas Londoner Label EMI, erhielt. Der Anrufer bat ihn, noch ein paar Namen zusätzlich auf die Gästeliste zu setzen, und es stellte sich heraus, daß David Bowie am gleichen Abend sein neues Album »Tonight« der Presse und Mitarbeitern seiner Plattenfirma vorstellen würde. Bowie war bei Capitol unter Vertrag, und als man ihn fragte, was er nach der Party zu tun gedenke, sagte er: »Ich werde mir meine Lieblingssängerin Tina Turner im ›Ritz‹ ansehen.« Bowie war ein Superstar, seine Worte hatten Gewicht, und wenn er eine Lieblingssängerin hatte, dann konnten sich die Vertreter seiner Plattenfirma den Auftritt dieser Künstlerin natürlich nicht entgehen lassen.

Also fand sich die gesamte Mannschaft der Capitol zu Tinas Konzert ein. Der Erfolg war durchschlagend: Bereits am nächsten Tag rief Capitol bei Roger Davies an und bestätigte Tinas Vertrag. Und nicht nur das: Man war plötzlich auch ganz versessen darauf, eine LP mit ihr aufzunehmen.

Private Dancer

»*Vor meinem Solo-Erfolg hängte ich alle goldenen Schallplatten, die ich mit Ike gemacht hatte, an eine Wand meines Wohnzimmers. Die andere ließ ich frei für die Trophäen, die ich selbst erringen würde. Dann erhielt ich die erste für ›Let's Stay Together‹. Sie hing da ganz allein an dieser großen Wand, aber ich war furchtbar stolz auf sie, denn sie gehörte mir ganz allein. Als ich das nächste Mal nach Hause kam, war da eine weitere goldene Schallplatte. Inzwischen sind es so viele, daß ich einige sogar bei meiner Mutter untergebracht habe. Aber ich bin immer noch sehr stolz auf sie, und ich sitze oft nur so da und schaue sie mir an.*«
(Tina Turner 1989 in einem Interview mit »Q«)

Roger Davies wollte diese Platte unbedingt in London aufnehmen. Dort schienen ihm die Arbeitsbedingungen moderner und frischer als in den Staaten, wo man immer noch an bombastischer Studiotechnik festhielt, die einen Titel völlig überproduzieren kann. Davies besprach sich mit dem Londoner Büro der EMI, weil er wieder mit Martyn Ware und Ian Marsh zusammenarbeiten wollte. Die waren gerade mit ihrer Synthi-Pop-Gruppe Heaven 17 sehr erfolgreich, und die Londoner EMI gab deshalb gern ihre Zustimmung. Davies buchte Aufnahmezeit in den renommierten, einst von den Beatles gegründeten Abbey Road Studios und setzte sich mit Ware und Marsh in Verbindung. »Wir baten sie, Material vorzuschlagen, das ihrer Meinung nach zu Tina passen könnte. Wir wollten unseren Ohren nicht trauen, als sie uns eine Kollektion angestaubter Rhythm-&-Blues-Kamellen vorspielten – genau das, was Tina ein für allemal hinter sich lassen wollte. Sie wollte keinen Blues mehr, sie wollte keine deprimierenden Gospelsongs. Sie hat sich immer viel mehr als Weiße gefühlt und wollte Rock«, erinnert sich Roger Davies in einem Interview mit dem Magazin »ME/SOUNDS«.

Immerhin fanden zwei Stücke Tinas Zustimmung, und sie nahm eine Version von David Bowies »1984« sowie Al Greens »Let's Stay Together« auf. Es ist immer noch eines der schönsten Liebeslieder der 80er, weil Tina es von seinem ursprünglichen Pathos befreite und trotzdem mit viel Gefühl interpretierte – eine Rock-Ballade, die ans Herz geht und trotzdem keine Schnulze ist. EMI London reagierte begeistert auf die Single, doch in den USA fand sich wieder einmal keine Plattenfirma zur Veröffentlichung bereit. Es wurde immer deutlicher, daß die amerikanischen Plattenfirmen einen eingeschränkteren Geschmack und vor allem weniger Mut zum Experiment hatten als die europäischen. Deren Mut wurde belohnt: »Let's Stay Together« wurde in Europa auf Anhieb ein Riesenerfolg und kam im Dezember 1983 unter die Top 5 der britischen Charts.

Und plötzlich war Tina auch für die britische Regenbogenpresse ein Thema. Aber es war nicht ihre Musik, die diese Zeitungen interessierte, sondern wieder einmal die Frage: Ist sie lesbisch oder nicht? Diesmal war das Gerücht entstanden, weil Tina in dem Video zu «Let's Stay Together« von ihren Tänzerinnen, Ann Behringer und Lejeune Richardson, förmlich umgarnt wurde, bis beide schließlich zu Tinas Füßen lagen und verliebt zu ihr aufblickten. Das Video wollte sicher provozieren und Aufmerksamkeit erregen, und Davies tat das Klügste, was man in einer solchen Situation tun kann: Er ließ die Zeitungen schreiben, was sie wollten, ohne etwas zu dementieren. Wirklich schaden konnten diese Gerüchte Tina nicht, und damals war es ihm wichtig, daß sie überhaupt Beachtung in den Printmedien fand.

Während die Single in Europa die Charts hinaufkletterte, tat sich bei Capitol in Los Angeles nach wie vor nichts. Da die Platte den verantwortlichen Bossen nicht gefiel, wurde sie in den Staaten nicht veröffentlicht. Doch dann geschah etwas Erstaunliches: In New York tauchten Importplatten von »Let's Stay Together« auf, und die Single entwickelte sich zu einem lokalen Disco-Hit. Da endlich schreckte man bei Capitol auf und brachte die Platte in einer Eilveröffentlichung auf den Markt. Aber es war zu spät; sie erreichte nur noch Platz 19 der Charts. Doch der Winterschlaf bei Capitol war nun endgültig vorüber. Plötzlich wollte man dort ein ganzes Album von Tina, und das möglichst schnell.

Wieder setzte Roger Davies durch, daß Tina in London aufnehmen und produzieren durfte. Während Tina mit ihrer Band auf Tour war, sah und hörte sich Davies in der Londoner Musikszene nach geeignetem Material für Tinas zweites Album nach der Trennung von Ike um. Für die Aufnahmen blieben insgesamt nur drei Wochen Zeit, denn Tina stand kurz vor einer Europa-Tour, die nicht mehr abgesagt werden konnte. Als erstes rief Davies seinen Freund Terry Britten an. Britten hatte u. a. 1976 einige Stücke für Cliff Richard geschrieben und damit eine neue Phase in der Karriere des Sängers eingeleitet. Terry schlug ihm die Stücke »Show Some Respect« and »What's Love Got To Do With It« vor. Nun nahm Davies Kontakt mit Rupert Hine auf, einem der damals besten Londoner Produzenten mit einem kühlen, klaren und vor allem sehr kommerziellen Sound.

Rupert Hine brachte Tina mit seiner Freundin Jeanette Obstoj zusammen. Jeanette sollte ein Stück für das Album schreiben, und so erzählte Tina ihr ihre ganze Leidensgeschichte. Jeanette machte daraus »I Might Have Been Queen« – Tinas Leben ließ sich kaum besser in Worte fassen als mit diesem Lied. Jeanette Obstoj ist übrigens die einzige Frau, die bisher einen Song für Tina geschrieben hat. Warum das so ist, erklärte Tina in einem Interview dem Magazin »ME/SOUNDS«: »Wer der Songwriter ist, spielt für mich keine Rolle; wichtig ist, was der Text sagt. Ich bin dafür bekannt, Titel von den Stones oder Rod Stewart zu covern, und ganz früher habe ich auch Ray Charles und Sam Cooke gesungen. Ich neige generell dazu, Titel von Männern zu übernehmen – wenn Songs nämlich speziell für Frauen geschrieben werden, dann sind die immer sehr feminin und sehr soft, und das ist einfach nicht mein Stil. Mir ist es lieber, wenn ein Song ein paar rauhe Ecken und Kanten hat!«

Jetzt fehlte nur noch ein einziges Stück. Roger Davies telefonierte mit Ed Bicknell, dem Manager der Dire Straits. Zufällig hatte Bicknell noch einen Titel aus der letzten Session der Dire Straits übrig. Mark Knopfler, der Boß der Gruppe, hatte ihn nicht aufnehmen wollen, weil er eigentlich für eine weibliche Stimme geschrieben worden war. Es war »Private Dancer«.

Die Auswahl der Stücke für das Album war damit abgeschlossen. Es war Roger Davies gewesen, der diese Arbeit allein geleistet hatte und der für Tina die endgültige Auswahl der Songs traf – sie selbst nahm kaum Einfluß auf die Produktion. Sollte Davies der zweite Mann in Tinas Leben werden, der ihr sagte, was sie zu singen habe? Davies, der heute neben Tina Turner auch die kanadische Rocksängerin Dalbello und Mick Jaggers Solokarriere betreut, meinte zu diesem Thema gegenüber dem englischen »Fifty-Nine«-Magazin: »Vielleicht liegt ein Körnchen Wahrheit in dieser Beschuldigung. Auf ›Private Dancer‹ gab es eine Menge Stücke, die Tina eigentlich nicht mochte. Aber ich erklärte ihr, daß dies die Richtung war, die wir konsequent einschlagen sollten. Wenn man Tina die Wahl gelassen hätte, dann hätte sie wohl viel lieber ein richtig hartes Rock-Album gemacht – eine Platte wie AC/DC etwa. Aber ich machte ihr klar, daß wir soweit einfach noch nicht waren.«

»Private Dancer« erschien im Mai 1984. Die Produktionszeit hatte knappe drei Wochen in Anspruch genommen. Daran beteiligt waren acht Songwriter, vier Produzenten und Musiker wie Jeff Beck und Mel Collins. Alle Stücke des Albums bezogen sich direkt auf Tinas Vergangenheit, auf ihre Beziehung mit Ike, auf ihre Kindheit und Jugend in den Baumwollfeldern von Tennessee. Jeder Titel spiegelte eine andere Facette ihrer Persönlichkeit wider – ihrer künstlerischen, aber auch ihrer geistigen, spirituellen Seite. Auf der ganzen LP fand sich nicht ein Wort, das nicht genau zu Tina paßte. Trotz dieser persönlichen Note ist »Private Dancer« dank der sensiblen Arbeit der Produzenten ein modernes Rock-Album. Es markierte den Beginn von Tinas grandiosem dritten Comeback. Weltweit verkaufte das Album sich zehnmillionenmal. In der ganzen Welt wurde die Platte vergoldet, und in den USA erhielt sie sogar viermal Platin. Tina wurde dafür mit drei Grammys ausgezeichnet, den Oscars der amerikanischen Musikindustrie: einen für die beste LP des Jahres und je einen weiteren als beste Pop- und als beste Rocksängerin 1984; das »Rolling Stone«-Magazin kürte sie zur besten Sängerin des Jahres.

Tina als Auntie Entity in »Mad Max III – Beyond the Thunderdome«

Dasselbe Jahr brachte Tina noch einen weiteren Erfolg. Seit den Arbeiten an »Tommy« hatte sie sich ein weiteres Filmangebot gewünscht, und sie bewunderte David Bowie, weil er es schaffte, seine Karriere zwischen Musik und Film auszubalancieren. Jetzt bot ihr der australische Regisseur George Miller eine Rolle in seinem neuen Film »Mad Max III – Beyond the Thunderdome« an. Tina spielte an der Seite von Mel Gibson die »Auntie Entity«. Diese Rolle der grausamen Herrscherin über die Wüstenstadt Bartertown in dem Science-fiction-Streifen war ihr wie auf den Leib geschrieben. Für Tina wurden die Dreharbeiten zur schönsten Zeit ihres Lebens. Im Gegensatz zu ihrer Acid Queen in »Tommy« konnte sich Tina diesmal in ihrer Rolle wiederfinden. Auch sie mußte ihr Leben neu aufbauen. Für Tina machte der Film auf eindrucksvolle Art klar, was Überleben heißt.

Was Tina nach »Mad Max« an Rollen angeboten wurde, gefiel ihr weniger. Als Stephen Spielberg ihr die Hauptrolle in »Die Farbe lila« anbot, lehnte sie ab. Die Geschichte einer farbigen Frau, die jahrelang von ihrem Mann geknechtet wird, ehe sie es endlich schafft, sich von ihm zu befreien, bot ihr zu viele Parallelen zu ihrem eigenen Leben. So erhielt Whoopi Goldberg die Rolle und wurde damit über Nacht zum Weltstar. Tina dagegen würde lieber in einem weiteren spannungsgeladenen, actionreichen Science-fiction-Film an der Seite von Arnold Schwarzenegger spielen . . .

George Orwell entwarf in seinem Roman »1984« die düstere Vision einer von Computern überwachten und gesteuerten Gesellschaft. David Bowie machte daraus das ebenso deprimierende »1984«, und Tina coverte den Song. Doch für sie ging 1984 keineswegs düster und traurig zu Ende. Im Gegenteil – sie erhielt ein ganz besonderes Weihnachtsgeschenk: Mit »What's Love Got To Do With It« schaffte sie 24 Jahre nach »A Fool In Love« wieder einen Nummer-1-Hit in den Staaten und erhielt dafür die Auszeichnung »Schallplatte des Jahres«. Tina hätte sich für eine Weile bequem zurücklehnen und ihren Ruhm genießen können. Aber das Stillsitzen war ihr schon immer schwergefallen.

Tina mit Trophäe

Das folgende Jahr stand im Zeichen einer Welttournee, während der sie in 14 Ländern 70 Konzerte gab. Mit »Break Every Rule« wurde ein Nachfolgealbum zu »Private Dancer« eingespielt. Nach dem Grundsatz »Never change a winning team« zeichneten wieder Terry Britten, Rupert Hine und Mark Knopfler für die Produktion verantwortlich. Auf die Auswahl der Songs nimmt Tina in der Regel keinen Einfluß, das überläßt sie ihrem Manager: »Er hat in der Vergangenheit bewiesen, daß er eine goldene Hand hat, warum sollte ich ihm also ins Handwerk pfuschen? Ich weiß, was ich auf der Bühne leisten kann. In dem Punkt lasse ich mir nichts vormachen. Aber was die Platten angeht, vertraue ich voll und ganz meinen Beratern«, erklärte sie in einem Gespräch mit dem Magazin »ME/SOUNDS«.

Um eine Platte weltweit zu promoten, gehen die meisten Stars auf Reisen. Auch Tina Turner begab sich 1987 erneut auf Tour – eine Mammuttour diesmal, nicht zu vergleichen mit der ersten Konzertreise zwei Jahre zuvor. Die Tour begann im Januar 1987 und endete am 28. März 1988 im japanischen Osaka. Die internationale Presse feierte Tina als außergewöhnliche Rocksängerin, deren Temperament das Publikum gehörig ins Schwitzen brachte. Durch ihre kurzen, engen Minikleider und ihre erotische Ausstrahlung festigte sie ihren Ruf als weibliches Sexsymbol der 80er – ein Image, das ihr nicht immer recht war. Auch heute wäre es ihr lieber, wenn Fans und Medien sie in erster Linie als eine attraktive, talentierte Frau sähen und nicht als Sexobjekt.

In diesen 14 Monaten absolvierte Tina 230 Auftritte vor mehr als 3,5 Millionen Zuschauern in 25 Ländern. Einige Shows waren riesige Ereignisse wie ihr Konzert im Fußballstadion von São Paulo, wo sie vor 102 000 Zuschauern auftrat, andere eher »kleine« Shows vor nicht mehr als 5000 Fans, wie etwa im Mittelwesten der USA, wo Crossover-Erfolge von farbigen Künstlern auch heute noch wenig willkommen sind. Die Show reiste mit einem gigantischen, futuristischen Bühnenaufbau, u. a. gab es eine hydraulische Plattform, die den Saxophonisten der Band über 50 Meter hochhievte, als er sein Solo zu »Private Dancer« blies und Tina in einer Wolke aus der Trockeneismaschine verschwand.

Nach den Strapazen dieser Gewalttour kündigte Tina ihren Rück-

zug von der Bühne an – ihr 50. Geburtstag stand kurz bevor, und in vielen Interviews erklärte sie der Presse, daß »es sich für eine ältere Frau wie mich nicht mehr ziemt, aufzutreten. Die Leute werden irgendwann sagen: Ach, hätte sie doch ›Proud Mary‹ gespielt. Oder: Weißt du noch, wie sie mal tanzen konnte?« In den letzten Jahren war ihr fürs Privatleben kaum Zeit geblieben. Es gab Gerüchte um eine Affäre mit dem kanadischen Rocksänger Bryan Adams, der Tina 1986 auf ihrer Tour begleitet hatte. Tina war gegen dererlei Klatsch inzwischen immun, aber Bryan Adams, der eine Freundin hatte, rief eine Pressekonferenz ein und versuchte, die Dinge richtigzustellen.

Im selben Jahr lernte Tina Erwin Bach kennen, 16 Jahre jünger als sie selbst und Manager bei der Kölner EMI, ihrer deutschen Plattenfirma. Obwohl Tina seitdem häufig in der Rheinmetropole zu Gast ist, ist den beiden ein seltenes Kunststück gelungen: Die Presse hat das Paar in Ruhe gelassen. Erwin Bach, ein leiser, kompetenter und sehr diskreter Medienprofi, wäre wohl der letzte, der sich in der Öffentlichkeit über sein Privatleben äußern würde, und Tina selbst sagt zu diesem Thema auch nicht mehr als: »Ich habe mich in Köln verliebt, und das nicht nur, weil der Mann meines Lebens dort wohnt, sondern weil mir diese schöne Stadt und die Menschen gefallen. Mein Leben ist so verrückt und hektisch, daß ich ein Versteck brauche.«

Ein Versteck brauchte sie auch, denn ihre Karriere lief weiterhin auf Hochtouren. 1989 erschien ihre dritte LP »Foreign Affair«, mit der sie zu den Wurzeln ihrer alten Musik, dem Rhythm & Blues, zurückkehrte. Darauf fanden sich auch drei Stücke von Tony Joe White, einem Musiker aus Louisiana, dessen »Bayou-Rock« eine scharfe Mixtur aus Country, Rhythm & Blues und kreolischem Jazz ist. So schön die Stücke von Tony Joe White auch sein mögen – es wunderte doch viele, daß Tina sich nach all diesen Jahren, in denen sie sich vehement gegen das Singen von blues-lastigen Stücken gewehrt hatte, nun wieder zu ihren Ursprüngen zurückkehrte. In einem Interview mit dem Schweizer Rundfunk erklärte sie ihre Gründe: »Es stimmt, daß ich oft gesagt habe, ich wolle diese Musik

Tina mit Freund Erwin Bach

nicht mehr singen, aber guten Rhythm & Blues kann man nicht so einfach ablehnen. Wären diese Stücke schon zur Zeit von ›Private Dancer‹ oder ›Break Every Rule‹ gekommen, dann hätte ich sie sicher damals schon aufgenommen. Aber sie standen nicht zur Verfügung.«

Die Tour, die das neue Album begleitete, brach 1990 in Deutschland sämtliche Rekorde. Zu Tina Turners Konzerten kamen 1,2 Millionen Besucher. Die Rolling Stones brachten es mit ihrer »Urban Jungle«-Tour »nur« auf 650 000 und Madonna, Tinas weiße, wenn auch wesentlich jüngere Konkurrentin, zog live lediglich 60 000 Fans in ihren Bann – allerdings gab sie auch keine Open-Air-Konzerte.

The Best

»*Ich habe mich verändert – und die Welt hat sich verändert. Nicht nur die Frauen sind selbständiger geworden, auch die Mentalität der Männer hat sich gewandelt. Die Art und Weise, wie die Welt sich verändert hat, berührt nicht nur mich, sondern auch andere Frauen. Wir fühlen uns wie neu geboren. Ich könnte nie so sein wie meine Mutter, denn wir können nicht mehr so leben wie bisher.*«
(Tina Turner 1989 in einem Interview mit »Record«)

Die 80er waren ein unruhiges Jahrzehnt, das weltweit viele große Veränderungen mit sich brachte. Präsident Gorbatschow bescherte der Sowjetunion mit Glasnost größere Meinungs- und Pressefreiheit als jemals zuvor und mit der Perestroika die politische und wirtschaftliche Öffnung zum Westen. Damit wurde zwischen den beiden Supermächten USA und Sowjetunion eine Politik der Entspannung eingeleitet, die den jahrzehntelangen kalten Krieg beendete.

Die Menschen in den sozialistischen Staaten des Ostblocks setzten sich zunehmend gegen Unterdrückung und wirtschaftliche Not zur Wehr. Hunderttausende verließen 1989 auf dem Umweg über Ungarn die DDR, bis im November die Berliner Mauer fiel. Im Jahr darauf konnten die Deutschen unter Bundeskanzler Kohl die Wiedervereinigung feiern. Dafür verschärfte sich die Krisensituation im Nahen Osten. Sie fand ihren vorläufigen Höhepunkt im Golfkrieg, der Anfang 1991 die Welt erschütterte.

Auch andere alte Werte gerieten ins Wanken. In den 60ern und 70ern galt unter Jugendlichen noch der Spruch »Trau keinem über 30«. In den 80ern wurde das Alter immer unwichtiger. Besonders die

Frauen bewiesen, daß man auch über 30 noch Karriere machen kann und sich Familie und Beruf nicht ausschließen müssen. Die Kosmetikindustrie entwickelte ständig neue Produkte, die es den Frauen erleichtern sollen, ihr Alter für sich zu behalten. Fitneßcenter, Aerobicstudios und Joggen erfreuten sich zunehmender Beliebtheit. Frauen waren so jung, wie sie sich fühlten – das wirkliche Alter spielte kaum noch eine Rolle. Gefragt waren starke Persönlichkeiten mit »Gesichtern«. Das machte sich auch in der Unterhaltungsindustrie bemerkbar. Schauspielerinnen wie Michelle Pfeiffer, Glenn Close, Meryl Streep waren alle über 30, als sie ihre ersten großen Erfolge feierten – allen voran natürlich Joan Collins als das »Biest« Alexis in der Fernsehserie »Denver«.

Frauen setzten sich kraft Stimme und Persönlichkeit auch in der Musikbranche zunehmend durch: The Bangles, Sinèad O'Connor, Annie Lennox, Madonna und besonders die farbigen Künstlerinnen wie Mariah Carey, Whitney Houston, Janet Jackson, Tracy Chapman und allen voran Tina Turner.

Unter den männlichen Superstars der Musikszene fanden sich in den 80ern auffallend viele Farbige: Michael Jackson, Prince und ganz besonders die vielen Gruppen, die eine neue Musikrichtung vertraten – den Hip Hop. Wie der Rock 'n' Roll der 50er, der Beat und Rock der 60er und der Punk der 70er ist Hip Hop nicht nur Musik, er ist Bestandteil einer ganzen Jugendkultur. Sie entstand ursprünglich in New York, breitete sich aber rasch in den schwarzen Ghettos der amerikanischen Großstädte aus. Das Spannende an dieser Musik ist, daß Hip Hop und der dazugehörende Sprechgesang, Rap genannt, ohne Instrumente, dafür aber mit billigen Hilfsmitteln wie Plattenspieler und Mikrophon praktisch von jedem erzeugt werden kann. Wie beim Punk kommt es beim Hip Hop nicht auf die virtuose Beherrschung eines Instruments, sondern vielmehr auf Kreativität und Experimentierfreude beim Scratchen und Sampeln von alten Platten an. Wirklich neu und revolutionär am Hip Hop ist jedoch, daß dies die erste schwarze Jugendbewegung ist, die Jugendliche aller Hautfarben in der ganzen Welt erfaßte. Gerade in Deutschland sind Bands wie Public Enemy oder Run DMC bei ausländischen Jugendlichen, die sich in den hiesigen Großstädten oft selbst wie in einem Ghetto fühlen, sehr beliebt.

Doch zurück zu den erfolgreichen Sängerinnen der 80er. Hier setzte sich eine immer wieder auf besonders provozierende Weise in Szene: Madonna. Ihre Strategie ist es, Sex als ein Mittel zu benutzen, mit dem sich garantiert Aufmerksamkeit erregen läßt. Ihr Spiel mit der Erotik gefällt vielen, aber durchaus nicht allen, und manche fühlen sich davon abgestoßen. Madonna repräsentiert eine Traumfrau, aber kaum ein Fan würde Madonnas »Träume« als seine eigenen ausleben.

Auch Tina Turner schlüpft für ihre Shows in hautenge, kurze und tiefdekolletierte Kleider. Sie trägt hohe Stöckelschuhe und heizt dem Publikum durch ihre erotische Show gehörig ein. Doch sie unterscheidet sich durch einen wesentlichen Aspekt Madonna: Tina Turner ist trotz ihrer enormen sexuellen Ausstrahlung niemals obszön. Sie schafft es, bei ihrem Publikum Gefühle anzusprechen, die viele gern ausleben möchten. Das hängt zweifellos mit der thematischen Vielfalt ihrer Lieder zusammen. Einige wie »We Don't Need Another Hero« setzen auf positive Weise Aggressionen frei, indem sie das Publikum zum Mitklatschen und Tanzen auffordern. Gefühlvolle Balladen wie »Two People« gehen direkt unter die Haut. Wieder andere wie »Typical Male« haben einen ironischen Unterton, und viele Coverversionen wie »Proud Mary« oder »Honky Tonk Woman« sind solide Rocknummern zum Tanzen. Immer aber bilden Tina Turners Stimme, ihre Körpersprache und die Musik eine Einheit; die von ihr selbst ausgearbeitete Choreographie ist bei aller Spontaneität perfekt auf die einzelnen Lieder abgestimmt. Daß sie ihre Stücke weder selbst komponiert, noch die Texte dazu schreibt, schmälert ihren Erfolg als Unterhaltungskünstlerin nicht. Ihr berechtigter Kommentar zu diesem Thema in einem Interview mit dem Magazin »Musik Szene«: »Daß ich keine gefeierte und begnadete Komponistin bin, trage ich mit Fassung. Ich schäme mich nicht, mir von Leuten wie David Bowie oder Mark Knopfler die Songs auf den Leib schreiben zu lassen oder Hits der Rolling Stones oder anderer Gruppen zu covern. Was soll daran schlecht sein?«

Ihrem Publikum gefällt, daß Tina eine Entertainerin ist, die sich in ihren Songs nicht mit politischen Problemen auseinandersetzt, sondern einfach nur unterhalten möchte. Genau das ist es, was sie auch ihren Fans bietet. »Ein Konzert bedeutet für mich, den Leuten für zwei Stunden ihre Sorgen zu nehmen. Deshalb bevorzuge ich positive Songs, die sie in eine andere Welt entführen. Eine Prise Traurigkeit darf dabei sein, ein Schuß bitter-sweet, aber das Positive, das Lachen überwiegt. Warum soll ich ihnen Probleme um die Ohren schlagen, wenn sie ohnehin schon genug haben?« meinte sie in einem Interview mit dem Magazin »ME/SOUNDS«.

Anders als bei Madonna gibt es um Tina keine Skandale; sie hat keine Affären, nimmt keine Drogen und hat es auch nicht nötig, ihre Platten durch provozierende Werbegags zu verkaufen. Statt dessen vermittelt sie das Bild einer hart und diszipliniert arbeitenden Frau, die in der wenigen freien Zeit, die ihr bleibt, einfach nur abschalten möchte.

Männern gefällt Tinas Bühnenshow, denn im Gegensatz zu Madonna greift sie das männliche Selbstbewußtsein nicht an. Frauen identifizieren sich mit ihr, weil sie die längstvergessene Kunst des Flirtens beherrscht und somit Illusionen weckt, die sie gar nicht einlösen muß. Tina führt den Frauen vor Augen, daß das Alter heutzutage tatsächlich keine Rolle mehr spielt und daß man alles, wovon man jemals geträumt hat, wirklich erreichen kann – vorausgesetzt, man bleibt nicht stehen, arbeitet beständig an sich und ist bereit, Schicksalsschläge nicht als von Gott gegeben hinzunehmen, sondern dagegen anzukämpfen.

»It takes two«, behauptete Tina Anfang dieses Jahres im Duett mit Rod Stewart. Das bezog sich jedoch nicht auf einen möglichen Partner, vielmehr wurde der Song als Werbeclip für Pepsi Cola Light produziert. Nach der Trennung von Ike war der Getränkekonzern durch seine jahrelange Unterstützung nicht unerheblich an Tinas Comeback beteiligt. Ohne Sponsoring sind die aufwendigen Tourneen der Superstars heute gar nicht mehr finanzierbar, denn nur wenige Fans könnten sich ohne die kräftigen Finanzspritzen, mit denen Marlboro, Camel, Pepsi Cola oder der Kassettenhersteller TDK die Konzertreisen der Rolling Stones, Michael Jacksons oder auch der Kölner Rockgruppe BAP subventionieren, die Eintrittskarten leisten. Tinas Manager Roger Davies bekannte schon vor drei Jahren in einem Interview mit dem englischen »Fifty Fifty«-Magazin, daß man sich hier ». . . ein bißchen auf die Zunge beißen muß, denn nur so ist es möglich, daß die Fans kommen und uns sehen können.

Wenn man nicht mit vielen einen Deal macht, wäre das gar nicht möglich.«

Wird Tina Turner 1991 in den Ruhestand treten? Wohl kaum. »Von mir aus könnte ich sofort aufhören, auf der Stelle!« erklärte sie im letzten Jahr dem »Stern«. »Aber die Leute wollen mich ja noch sehen. Ich habe gelesen, ich sei jetzt in Höchstform, und das stimmt. Seit 1960 bin ich im Geschäft, jetzt haben wir 1990. Im Ernst, ich sehe dem Jahr 2000 gelassen entgegen.«

Interview
mit Tina Turner

?: Tina Turner, man hört immer wieder, daß Sie eine sehr starke Frau sind. Sehen Sie das auch so?

TINA TURNER: Die Stärke, die mir nachgesagt wird, kommt daher, daß viele Leute meine Geschichte kennen und über die Rückschläge in meinem Leben Bescheid wissen – eben über all das, was hinter der Fassade steckt. Daß ich diese Dinge geistig verarbeitet habe, daher rührt meine Stärke. Daß ich eine Frau bin, war ja schon gegeben, aber ich wollte nie in meinem Leben ein Mann sein. Ich wollte ein Fußballstadion füllen, und das ist mir in Brasilien geglückt. Mir wurde die Anerkennung zuteil, die erste schwarze Rocksängerin zu sein. Heute kommen Leute zu mir, die mir sagen: Mir gefällt Ihre Musik, und nicht nur, wie in früheren Jahren: Sie sind eine gute Tänzerin. Ich habe also alles erreicht.

?: Für mich sind Sie eine Frau, die nicht älter wird. Auch als ich heute bei den Aufnahmen für diese Sendung durchs Publikum gegangen bin, hörte ich immer wieder: Das kann nicht Tina Turner sein, das ist sicher ihre Tochter. Setzen Sie sich mit Ihrem Alter auseinander? Gibt es Situationen, wo Sie sagen: Ich kann dieses oder jenes wegen meines Alters nicht mehr tun?

TINA TURNER: Nein. Ich habe meinem Leben keine Grenzen gesteckt, außer daß ich aufhören möchte, Konzerttourneen zu machen. Das hat schon etwas mit meinem Alter zu tun. Ältere Männer können viel länger auf der Bühne stehen als ältere Frauen, finde ich. Ich will meine Glaubwürdigkeit nicht verlieren. Ich möchte, daß mich das Publikum so in Erinnerung behält, wie es mich von meinen besten Auftritten kennt. Wenn ich so lange auf der Bühne stehen würde wie beispielsweise Ella Fitzgerald, dann wäre ich ja körperlich gar nicht mehr in der Lage, die Auftritte so zu gestalten, wie ich das möchte und wie man es von mir erwartet. Ich bin jetzt fünfzig und sehr glücklich über meine körperliche und geistige Verfassung. Ich habe alle meine Träume verwirklichen können. Ja, ich stehe zu meinem Alter.

?: Welchen Preis bezahlen Sie für Ihren Erfolg?

TINA TURNER: Ich habe darüber nachgedacht, bin aber noch nicht sicher, was es ist. Sie wissen ja, wie Frauen ihre Ansichten ändern.

?: Nicht nur Frauen.

TINA TURNER: Seit ich soviel unterwegs bin, soviel reise, ist die Welt für mich sehr klein geworden. Ich frage mich: Wo will ich leben? Wo kann ich glücklich sein? 1986 habe ich mich für Europa entschieden, aber dieser Zeit ist eine lange Zeit der Zerrissenheit vorausgegangen. Wenn man ständig unterwegs ist, jedes Land besucht hat, weiß man einfach nicht mehr, wo man hingehört. Das ist sehr schwer zu bewältigen. Ich glaube, das ist auch der Grund, warum viele Künstler verschiedene Wohnsitze haben – einen in Amerika, einen in Europa, ein drittes Haus weiß Gott wo, weil sie nicht mehr wissen, wo sie hingehören. Sich irgendwo zu Hause zu fühlen, das ist sehr wichtig für mich.

?: Haben Sie manchmal Heimweh?

TINA TURNER: Das ist genau der Punkt. Wenn man in die Staaten fliegt und dann wieder nach Europa und immer wieder spürt: Das ist es nicht. Es ist eine ganz eigene Suche nach einem Platz, an dem man spürt: Ja, das ist es, hier fühle ich mich gut und geborgen. Ständig reisen – das kostet Substanz, und dafür bezahlt man. Es bedeutet sehr viele Hotelzimmer. Man kann seinen Hut nicht auf den heimischen Ständer hängen, hat nicht die Dinge um sich, die man mag, die man selber gekauft hat, die ein Teil von einem Leben sind. Hotelzimmer sind ja von jemand eingerichtet, den man gar nicht kennt. Es sind kleine Dinge, die das ausmachen, aber es bedeutet mehr, als man glaubt, in seine eigene Küche zu gehen und den eigenen Kaffee zu kochen. Das erste, was ich in einem Hotelzimmer oft mache, ist, die Möbel umzustellen. Wenn das nicht möglich ist, dann suche ich mir einen einzigen Platz im Apartment, den ich benutze, beispielsweise das Schlafzimmer. Der Rest existiert für mich nicht; ich sperre ihn aus meinem Denken. Das ist ein Teil von Yoga, daß ich Dinge einfach wegdenken kann.

?: Lesen Sie eigentlich viel?

TINA TURNER: Ja, einigermaßen. Zur Zeit lese ich Anne Rice, eine amerikanische Autorin, die über Vampire schreibt. Es sind sehr mysteriöse Geschichten, die ich stimulierend finde.

?: In welcher Weise stimuliert Sie die Lebensform des Buddhismus?

TINA TURNER: Ich gebe Ihnen ein Beispiel. Es gibt da eine Übung, die ich jeden Morgen in der Frühe mache. Ich stehe auf und frühstücke. Das Essen ist für den Körper und gibt ihm die nötige Energie. Die Kleidung, die ich anziehe, ist dafür da, den Körper zu wärmen, und die Konzentrationsübungen sind für den Geist. Ich stelle mich morgens auf den ganzen Tag ein, um Entscheidungen treffen zu können, um in jeder Hinsicht mein Bestes geben zu können – nicht, weil es eben passiert, sondern weil mein Denken so ausgerichtet ist. Buddhismus ist für mich sozusagen der geistige Überbau zu allen anderen grundsätzlichen Bedürfnissen des Lebens.

?: Was gehört für Sie alles zu einem gesunden Leben?

TINA TURNER: Ich konnte leider nie konsequent Vegetarierin werden, denn das ist mit meinem Lebenswandel und den vielen Reisen nicht vereinbar. Ich verbrenne sehr viele Energien, brauche also sehr viel Energie, und es ist schwierig, überall eine gut ausgewogene vegetarische Diät zu bekommen. Ich versuche aber, meine Eßgewohnheiten so ausgewogen wie möglich zu gestalten, esse zum Beispiel nur wenig Fleisch. Manchmal esse ich nur Gemüse, dann wieder überhaupt keins – möglichst ausgeglichen. Ich vertraue homöopathischen Mitteln. Seit zehn Jahren habe ich keine anderen Medikamente verwendet. Im großen und ganzen hält mich aber meine Arbeit fit.

?: Treiben Sie Sport?

TINA TURNER: Nein, überhaupt nicht.

?: Woher nehmen Sie denn die Kondition für die Bühne?

TINA TURNER: Von 28 Jahren Bühnenerfahrung. Das hält einen schon in Schwung. Mit jedem meiner Auftritte – dem Tanzen, Springen, den vielen Bewegungen – hole ich mir die Kondition für den nächsten Auftritt.

?: Sie sind eine Künstlerin, die auf einen sehr gesunden Lebenswandel achtet. Trotzdem wird man als Künstler in dieser Branche auch mit Drogen konfrontiert. Wie stehen Sie dazu?

TINA TURNER: Drogen haben mich nie angezogen. Früher war ich von vielen Menschen umgeben, die Drogen nahmen, und das hat mich schon optisch abgestoßen. Das war nie meine Art, mich aufzuputschen. Heute haben zumindest viele Leute, die ich kenne, dazugelernt. Sie wissen, daß Drogen den Körper und schließlich den Geist zerstören. Ich glaube, es hat da schon einen Wandel gegeben. Das Problem ist aber nach wie vor da. Ich habe nie geraucht, nicht übermäßig viel getrunken, keine Drogen genommen und habe es trotzdem geschafft. Vielleicht bin ich, was das betrifft, für manche eine Art Vorbild.

?: Aber Sie kennen doch sicherlich Leute, die Drogen nehmen. Versuchen Sie, diese von Ihren Ansichten zu überzeugen oder denken Sie: Jeder soll nach seiner Fasson glücklich werden?

TINA TURNER: Glauben Sie es oder nicht, aber ich treffe sehr selten Leute, die Drogen nehmen. Oder besser gesagt, die drogensüchtig sind. Früher, als ich noch mit meinem Exmann Ike unterwegs war, da war das anders. Da hatte ich eben auch nicht die Freiheiten und Möglichkeiten, die ich heute habe. Ich habe mich mit meiner Meinung zu diesem Thema aber nie versteckt. Heute treffe ich manchmal Leute, die mir sagen, daß sie ihren Umgang mit Drogen nach Jahren geändert haben und daß mein Einfluß dabei wichtig war.

?: Werten Sie das dann als Ihren Erfolg?

TINA TURNER: Ja und nein. Das geht ja nicht von heute auf morgen, auch nicht in ein paar Wochen. Dazwischen liegen viele Jahre. So einfach ist es wirklich nicht.

?: In Ihrem Buch »Ich, Tina« habe ich folgenden Satz gefunden. Sie schreiben da: »Um die Wahrheit zu sagen, ich habe niemals in meinem Leben echte Liebe bekommen, glauben Sie es oder nicht. Heute schauen die Menschen auf mich und sagen: Was die für ein interessantes Leben hinter sich hat. Trotzdem, ich habe niemals wirkliche Liebe gespürt. Aber ich habe überlebt.« Wenn Sie das wirklich so meinen, dann sind Sie in meinen Augen ein sehr unglücklicher Mensch. Oder?

TINA TURNER: Wenn Sie diesen Satz lesen oder wenn Sie mich jetzt anschauen, haben Sie diesen Eindruck?

?: Nein, nur aus der Warte in Ihrem Buch.

TINA TURNER: Ich war nicht wirklich unglücklich, mein Leben war einfach schlimm. Ich hatte Probleme mit meinen Eltern, Probleme mit Männern, Probleme mit Liebe. So habe ich mich daran gewöhnt, ohne Liebe zu leben. Ich war nicht traurig darüber, denn wenn man etwas nicht kennt, dann weiß man auch nicht, was einem fehlt. Mich hat zum Beispiel einmal jemand gefragt, ob ich vor Auftritten meine Stimme einsinge. Ich sagte nein. Mir hat noch nie jemand gesagt, daß ich das tun sollte. Ich habe noch nie Stimmprobleme gehabt, ich kenne sie einfach nicht. Und so ist es auch mit der Liebe. Ich habe nie Liebe gespürt, darum habe ich mich daran gewöhnt, ohne Liebe zu leben. Ich sehe Liebe um mich herum, ich spreche, ich singe darüber, aber ich brauche sie nicht so sehr. Ich bin auch nicht so extrem unglücklich darüber. In meinem allererstenLebensabschnitt war mein Leben vielleicht nicht so bunt und strahlend wie heute, aber irgendwie habe ich immer Glück empfunden, habe bis heute immer versucht, aus jeder Situation das Beste zu machen. Man kann das noch weiterführen und fragen: Ist Erfolg möglich, ohne eine Partnerschaft zu haben? Ja, er ist möglich. Ich bin das beste Beispiel dafür. Als ich meine eigene Karriere mit »Private Dancer« begann, hatte ich keine gefühlsmäßige Bindung oder Beziehung zu einem Mann, weil ich dachte, das sei meiner Arbeit hinderlich. Für mich war es wichtig, zuerst einmal mich selbst abzusichern, vor allem finanziell. Nur nie wieder von jemand abhängig sein. Das hatte Priorität, war wichtiger für mich, als mich in einer Beziehung zu verlieren. Ich glaube heute rückblickend, daß diese Entscheidung richtig war. Alles, was ich heute von einer Beziehung erwarte, ist der Austausch von Gefühlen, von Liebe – aber keine Form von Sicherheit. Sehr viele junge Leute erwarten von einem Partner, daß er all das für einen übernimmt. Man muß sich zunächst einmal selbst lieben, sein eigenes Leben im Griff haben, und dann ist man auch frei und bereit für den anderen und für die Liebe. Ja, es ist möglich, frei und erfolgreich zu sein ohne Liebe. Aber wenn man es einmal geschafft hat, ist es wie die Zuckerglasur auf dem Kuchen – dann jemanden zu haben, der diesen Erfolg aufwiegt.

?: In den letzten Jahren haben Sie sehr viel Zeit in Europa verbracht. Wo liegt für Sie der Unterschied zwischen dem amerikanischen Lebensstil, den Sie ja gut kennen, und dem europäischen?

TINA TURNER: Meine Verbindung zu Europa ist eine sehr enge. In Wahrheit ist es ja so, daß mit »Private Dancer« der Erfolg in Europa geboren wurde. Ausgehend von Großbritannien, waren meine Europa-Tourneen erfolgreicher als die in den Staaten, und seit ich auf dieser Seite des Großen Teiches lebe, habe ich natürlich auch den Le-

bensstil hier kennengelernt und mich daran gewöhnt. Amerika ist unheimlich schnell, man kann alles in ein paar Stunden bekommen. Jetzt – gleich – auf der Stelle, so ist dort das Motto. Ich glaube, daß man viele Dinge, die man so schnell und einfach bekommen kann, nicht richtig schätzt. Wahrscheinlich bin ich da altmodisch, aber ich lege Wert auf das Wie: wie man die Dinge bekommt. Der Weg ist doch oft wichtiger als das Ziel. Natürlich, Amerika ist meine Heimat, und ich werde sie immer lieben, aber jetzt habe ich einen Platz gefunden, den ich noch lieber mag: Europa.

?: Für den Rest Ihres Lebens?

TINA TURNER: Ich glaube, ja.

?: 1975 gaben Sie Ihr Debüt als Schauspielerin in der Rolle der Acid Queen in Ken Russells Film »Tommy«. Zehn Jahre später standen Sie als Auntie Entity in »Mad Max – Beyond The Thunderdome« wieder vor der Kamera, und bei einer Verfilmung Ihrer Biographie arbeiten Sie als Beraterin im Hintergrund. Wie soll es als Schauspielerin für Sie weitergehen?

TINA TURNER: Alles läuft ganz gut. Ich habe mit den großen Filmfirmen in Hollywood gesprochen. Ein paar interessante Drehbücher sind gerade in Arbeit. Es ist nur eine Frage der Zeit. Auch der Erfolg meines letzten Albums »Foreign Affair« und die dafür erforderliche schauspielerische Arbeit bei den Video-Clips geht ja in diese Richtung. Ich bin optimistisch.

?: Sind wieder Mad-Max-Charaktere in Planung, oder welche Rollen trauen Sie sich zu?

TINA TURNER: Ich kann ein Beispiel geben. Bruce Willis und »Die Hard« – ein großartiger Film, vom Anfang bis zum Ende. Sigourney Weaver mag ich gern, so etwas möchte ich spielen: Action, Abenteuer. Und wenn ich nach einigen Jahren beschließe, bei der Schauspielerei zu bleiben, dann kommen die ernsthaften Rollen dran. Aber zunächst einmal möchte ich nicht als Schauspielerin arbeiten, um den Oscar zu bekommen, sondern um die Arbeit als Filmschauspielerin kennenzulernen und zu perfektionieren.

?: Wir haben über Ihre musikalische Karriere gesprochen, und Sie sagten, daß Sie da alles erreicht haben. Wenn man aber auf der Spitze eines Berges angelangt ist, ist der einzige Ausblick abwärts – keine sehr erfreuliche Aussicht.

TINA TURNER: Das kommt auf die Landschaft an. Ich blicke um mich, um herauszufinden, was der nächste Traum ist, den es zu verwirklichen gilt. Das ist jetzt die Schauspielerei. Da gibt es vielleicht ein paar Auftritte, eine mögliche Arbeit am Broadway. Ich möchte Bücher schreiben. Es gibt da also noch einige Herausforderungen. Nein, ich habe eigentlich nicht mehr vor, von der Spitze bergab zu fahren.

?: Wenn ich Tina Turner auf der Bühne sehe, scheinen mir die Texte Ihrer Lieder immer nebensächlich. Da ist zunächst Ihre Ausstrahlung, Ihre Energie, Ihr Sexappeal, Ihre Bewegungen, aber auf den Text hört man kaum. Ist das mit ein Grund, warum Sie keine Texte schreiben?

TINA TURNER: Der Text ist für mich ab dem Zeitpunkt wichtig, wo ich einen Song das erste Mal in die Hände bekomme. Zuerst ist die Musik da, dann der Text. Ich muß immer wissen, was ich da eigentlich sage, denn jeder Tanzschritt, jede Bewegung hat damit zu tun. Man muß also eigentlich jede Textzeile kennen, um meine Bewegungen, meinen Tanz richtig zu verstehen. So hat der Text sehr wohl eine große Bedeutung. Ich verstehe mich allerdings mehr als Interpretin, als Performerin. Ich will die geschriebenen Worte umsetzen.

?: Und warum schreiben Sie nicht selbst?

TINA TURNER: Dazu braucht man einfach Talent. Viele Leute, die Lieder schreiben, können damit nicht auftreten. Ich singe und tanze gerne, aber ich kann nicht schreiben – bis auf einen Song, »Nut Bush

City Limits«. Den habe ich selbst geschrieben, aber dort bin ich ja auch aufgewachsen. Ich bin im Schreiben einfach nicht gut genug. Vielleicht kommt das später noch. Und ich kenne den Unterschied zwischen einem guten Text und ein paar Zeilen, die sich zufällig reimen. Ich will meine Texte dem Publikum nicht zumuten, nur um sagen zu können: Seht her, ICH habe das geschrieben. Bei den Texten geht es um Qualität, und die will ich beibehalten. Ich brauche gute Texte, zu denen ich stehe, und dafür brauche ich Leute, die das können – eine Art Austausch.

?: In Ihrem Buch schreiben Sie sehr viel über Ihre Eltern und welche Fehler sie gemacht haben. Sind Sie denn eine gute Mutter?

TINA TURNER: Ich glaube ja, aber richtig beantworten können das nur meine Söhne. Ich bin sehr streng, was meine Söhne betrifft. Mein ältester ist 32, mein jüngster 28 Jahre alt. Es war mir sehr wichtig, daß sie sich rechtzeitig von mir lösen und ihre eigenen Wege gehen, auf eigenen Beinen stehen, an ihrem eigenen Erfolg arbeiten und sich zu richtigen Männern entwickeln. In diesem Sinne war und bin ich ein guter Freund. Sie respektieren mich, schätzen meine Meinung und tun meistens, was ich ihnen rate. Aber gleichzeitig schaue ich immer darauf, daß sie es allein schaffen. Wenn ich es werten müßte, dann bin ich als Mutter wahrscheinlich unter dem Durchschnitt wegen meiner Arbeit. Wäre ich immer zu Hause gewesen, dann wäre ich die beste Mutter – von meiner Warte aus.

?: Wie ist heute der Kontakt zu Ihrer Familie, zu Ihren Eltern und Ihrer Schwester?

TINA TURNER: Ich habe kaum Kontakt zu ihnen. Das liegt an meiner Arbeit und am ständigen Reisen. Die letzten 28 Jahre war ich sozusagen immer auf Tour. Obwohl . . . jetzt ist unser Kontakt etwas besser. Durch meine finanziellen Möglichkeiten habe ich meine Familie absichern können – Haus, Autos und so weiter. Das hat das Verhältnis natürlich verändert. Sie sehen mich heute anders als früher.

?: Welche Rolle hat da Ihr Erfolg gespielt?

TINA TURNER: Erfolg war der ausschlaggebende Punkt. Meine Familie hat mich sehr unterschätzt. Sie dachten, daß mein früherer Erfolg ausschließlich meinem Exmann Ike zu verdanken war. Nun haben sie gesehen, daß ich es allein schaffe – daß meine Ausstrahlung, mein Können, mein Durchhaltevermögen jetzt und auch früher ausschlaggebend für den Erfolg waren. Sie haben begonnen, mich zu respektieren, meine Qualitäten zu sehen. Das hat viel verändert.

?: Welches war Ihrer Meinung nach Ihre erfolgreichste Zeit?

TINA TURNER: Die 80er waren mein Jahrzehnt, meine Ära. Ich hatte in dieser Zeit mein erstes Nummer-1-Album, meine ersten Hits. Ich habe ganze Stadien gefüllt, ich habe mich entwickelt. Alle meine Träume sind in Erfüllung gegangen.

?: Alle Träume?

TINA TURNER: Ja, alle meine Träume. Ich könnte jetzt sofort dieses Interview abbrechen, hinausgehen, und mein Leben hätte einen Sinn gehabt. Ich habe mich abgesichert, kann ein ruhiges Leben genießen. Die 80er waren »the best«.

Das Interview führte Barbara Stöckl 1990 für das TV-Special »Tina Turner« des ORF.

Biographische Daten

1939   Am 26. November 1939 erblickt Tina Turner als Anna Mae Bullock in Brownsville/Tennessee als zweite Tochter von Richard und Zelma Bullock das Licht der Welt.

1942   Das Ehepaar Bullock zieht auf der Suche nach besseren Jobs nach Knoxville.
Tina wird bei ihrer bibelfesten Großmutter Roxanna untergebracht.

1945   Richard Bullock verliert seinen Job in Knoxville. Nach mehreren Umzügen wird das Ehepaar Bullock mit seinen beiden Töchtern in Spring Hill/Tennessee seßhaft.

1949   Tina erfährt, daß Richard Bullock vermutlich nicht ihr leiblicher Vater ist und sie einer kurzen Liebschaft ihrer Mutter entstammt.

1950   Zelma Bullock verläßt nach mehreren vorangegangenen Trennungsversuchen endgültig Mann und Töchter und zieht zu einer Tante nach St. Louis.

1953/54   Tina freundet sich mit ihrer Cousine Margaret an, die jedoch durch einen Autounfall ums Leben kommt.

1954   Scheidung der Eltern. Tina lernt Harry Taylor, Kopf des Basketballteams einer benachbarten Schule kennen. Er wird ihre erste große Liebe.

1955 Großmutter Roxanna stirbt. Zur Beerdigung ihrer Mutter kommt auch Zelma Bullock. Sie bittet Tina, mit ihr nach St. Louis zu ziehen, wo ihre Tochter Alline bereits lebt. In einer Blueskneipe hört Tina zum ersten Mal Ike Turner und seine Kings of Rhythm.

1957 Tina ist zum festen Bestandteil der Kings of Rhythm geworden. Sie verliebt sich in deren Saxophonisten, Raymond Hill.

1958 Am 20. August bringt sie ihren Sohn Craig von Raymond Hill zur Welt; Hill verläßt wegen eines Unfalls die Band. Ike baut Tinas Part in der Band immer weiter aus. Aus der anfangs geschäftlichen Beziehung zwischen ihm und Tina entwickelt sich ein intimes Verhältnis.

1960 Ike nimmt mit Tina als Sängerin »A Fool In Love« auf und tauft die Band in Ike & Tina Turner um. Die Single wird ihr erster Hit. Ike stellt für Live-Auftritte als Background-Gruppe The Ikettes zusammen und nennt die neue Formation Ike & Tina Turner Revue. Tina geht auf Tournee, obwohl sie von Ike schwanger ist. Am 27. Oktober schenkt sie ihrem zweiten Sohn, Ronald Renelle, das Leben. Die Beziehung zwischen Ike und Tina ist bereits durch häufige Unstimmigkeiten und Prügel gestört.

1961 Ike und Tina ziehen von St. Louis nach Los Angeles, aber sie sind mehr auf Tournee als zu Hause. Tina ist die einzige von Ikes zahlreichen Freundinnen, die regelmäßig Prügel bezieht.

1962 Ike versucht, Tina durch eine in Tijuana/Mexiko geschlossene Ehe noch fester an sich zu ketten.

1963 Die Revue ist so erfolgreich, daß Ike sich in Los Angeles sein Traumhaus einschließlich Studio kaufen kann. Die vier Kinder des Paares leben nun bei Ike und Tina.

1964 Ikes Affären mit anderen Frauen nehmen immer offenere Formen an.

1966 Phil Spector nimmt mit Tina den Titel »River Deep, Mountain High« auf. Während die Single in den USA floppt, steigt sie in Großbritannien bis auf Platz 3 der Charts; die Rolling Stones engagieren die Turners als Gaststars für ihre England-Tour. In London lernt Tina durch eine Freundin eine Kartenleserin kennen, die ihr großen Erfolg voraussagt – aber ohne Ike.

1967–70 Tina lernt durch Valerie Bishop den Buddhismus kennen und findet zunehmend Kraft in speziellen Meditationsriten. Sie entwickelt ihre spirituellen Energien und zieht Kraft aus den Besuchen bei Kartenlegern und Astrologen.

1970–73 Tinas passiver Widerstand gegen Ike wächst. Sie beginnt, sich selbst zu entdecken. Die Ike & Tina Turner Revue tourt durch Europa und Australien.

1974 Der britische Regisseur Ken Russell verfilmt die Rockoper »Tommy« von The Who mit Tina in der Rolle der Acid Queen.

1975 Tina verläßt Ike zum ersten Mal. Ike holt sie zurück. Die zweite Flucht bricht sie selbst ab, weil sie sich dabei feige vorkommt.

1976 Am 4. Juli verläßt Tina in Dallas Ike endgültig. Mit ihrem Fortgang bricht sie gleichzeitig die geplante Tournee der Revue ab, die ohne sie nicht stattfinden kann.

1977 Tina baut sich mit finanzieller Hilfe von United Artists eine Solokarriere als Sängerin in großen Hotels auf. Sie lernt Carol Dryer kennen, die sich mit der Theorie der Wiedergeburt beschäftigt.

1978	Im März wird die Scheidung ausgesprochen. Ike behält den Großteil des gemeinsam erarbeiteten Vermögens. Tina muß die Schulden für die geplatzte Tour begleichen.
1979/80	Roger Davies wird ihr neuer Manager; beide stellen eine völlig neue Band zusammen.
1981	Auftritt in der New Yorker In-Discothek »Ritz«. Als Gast von Rod Stewart singt Tina gemeinsam mit ihm in dessen TV-Show »Hot Legs«.
1982	Martyn Ware und Greg Marsh produzieren für ihr B. E. F.-Projekt »Music of Quality & Distinction« mit Tina den Temptations-Klassiker »Ball Of Confusion«. Während der USA-Tour der Stones singt Tina ein Duett mit Mick Jagger.
1983	Mit dem ebenfalls von Ware/Marsh produzierten »Let's Stay Together« von Al Green beginnt Tinas dritte Karriere.
1984	Tina tritt zum zweiten Mal im »Ritz« auf. Zu den Zuschauern gehören auch Vertreter der Plattenfirma Capitol/EMI. Tina erhält endlich einen weltweiten Plattenvertrag. »Private Dancer«, ihre neue LP, erscheint und verkauft sich insgesamt zehnmillionenmal. Sie erhält dafür vier Grammys; das amerikanische Magazin »Rolling Stone« kürt sie zur »besten Sängerin des Jahres«. 24 Jahre nach »A Fool In Love« schafft Tina mit »What's Love Got To Do With It« einen Nummer-1-Hit in den USA. An der Seite von Mel Gibson spielt sie in »Mad Max III – Beyond the Thunderdome« die Rolle der Auntie Entity.
1985	Tina tourt durch ganz Europa und gibt 70 Konzerte in 14 Ländern. In den USA nimmt sie zusammen mit 40

anderen Künstlern die Charity-Platte »We Are The World« auf. Im Mai tritt sie beim Live-Aid-Konzert auf.

1986 Die LP »Break Every Rule« erscheint. Tina lernt Erwin Bach kennen, der Manager bei ihrer deutschen Plattenfirma EMI ist. Sie verliebt sich in ihn und verbringt viel ihrer freien Zeit in Köln.

1987 Tina geht erneut auf Welttour. In 14 Monaten absolviert sie 230 Auftritte und spielt vor 3,5 Millionen Fans in 25 Ländern. Ihre Biographie »I, Tina« erscheint.

1989 In ihrem dritten Album »Foreign Affair« geht Tina musikalisch zurück zu ihren Wurzeln und singt wieder Blues. Kurz vor ihrem 50. Geburtstag kündigt Tina ihren Rückzug aus dem Showgeschäft an. Sie will sich zukünftig der Schauspielerei widmen.

1990 Tina bricht zu einer neuen Tournee auf. Allein in Deutschland besuchen 1,2 Millionen Zuschauer ihre Shows.

Discographie

Es dürfte Ike und Tina Turner wohl selbst sehr schwerfallen, eine Liste aller Platten zusammenzustellen, die von ihnen im Lauf der Jahre erschienen sind. Der Grund dafür ist, daß gerade in den ersten Jahren ihrer gemeinsamen Karriere sehr viele Platten bei ganz unterschiedlichen Firmen erschienen sind. Diese Discographie beschränkt sich deshalb auf Langspielplatten und verzichtet auf eine Liste der Singles. Zusammengestellt wurden die Erstveröffentlichungen aus den USA sowie die wichtigsten Compilation-Alben, die in Europa veröffentlicht wurden und die für den Fan interessant sein dürften. Daß bei den frühen Platten manchmal das Erscheinungsjahr fehlt, liegt daran, daß diese Platten ein solches Datum häufig nicht aufweisen. Platten mit dem gleichen Titel, die in verschiedenen Ländern erschienen sind, können manchmal unterschiedliche Zusatztitel oder ein anderes Cover als die Originalveröffentlichung haben. Das Erscheinungsland ist in der entsprechenden Rubrik durch den Anfangsbuchstaben ausgewiesen. Um das Auffinden bestimmter Titel zu erleichtern, wurde die Discographie alphabetisch geordnet.

IKE & TINA TURNER

And the Raelettes	USA	Tangerine 15611
Airwaves	USA	UA SA917
Best of Ike & Tina	USA	Blue Thumb 49
Black Angel	F 1976	Musidisc CV1342
Black Beauty	F 197?	Musidisc CV1323
Come Together	USA 1970	Liberty US 7637

The Country of Tina Turner	USA	UA 200
Cussin' Cryin' & Carrin' On	USA	Pompeii SD6004
Deliah's Power	USA 1976	UA LA707
Dance With Ike & Tina Turner	USA	Sue 2003
Don't Play Me Cheap	USA	Sue 2005
Dynamic Duo	GB	GEM 004
Dynamite	USA	Sue 2004
The Edge	USA	Fantasy 9597
The Explosive Ike & Tina Turner	USA	UA SLS50130
Fantastic	UK 1971	Sunset SL250205
Feel Good	USA 1972	UA S5508
Festival of Live Performance	USA	Kent KST538
Funky Mule	USA 1975	DJM DJSLM 2010
Get Back	USA	LO 51156
Get It	USA	Cenco LP104
Get It Together	USA	Pompeii SD6005
Get It Together	BRD	Bellaphon BI 1533
Gold Collection	BRD	EMI 1341182758-3
Gold Collection	I	SM 3913
Golden Empire	BRD	Teldec 6.26297/98
Gospel According to Ike & Tina	USA 1974	UA LA2036
Great Album	USA 1974	ALB 148
Greatest Hits	USA	Sue LP1038
Greatest Hits	USA 197?	UA LA592
Grootste Hits	NL	0058-18-2942 1
Her Man His Woman	USA 1970	Capitol VMP1013
Hot 'n Sassy	USA	Accord SN7147
The Hunter	USA 1968	Blue Thumb 31
Ike & Tina	USA	DJM DJMD8006
Ike & Tina Show	USA 1965	Loma 5112
Ike & Tina Show II	USA 196?	Loma 5904
Ike & Tina Turner	USA	Cenco US5031
Ike & Tina Turner	BRD	Bellaphon BPU1401
Ike & Tina Turner Live	USA 1966	Loma 5112
Ike & Tina Turner Revue	USA 1965	Kent KST 538
Ike & Tina Turner Sessions	USA	Kent KST 065
It's Gonna Work Out Fine	USA 1961	Sue 2007

It's Gonna Work Out Fine	BRD	OLLP 5294 AS
Later Greatest Hits	USA	Liberty LBR260211
Let Me Touch Your Mind	USA 1972	UA S56603
Live!	F	30 AM 6037
Live	GB	ED 152
Live	NL	HJW 150
Live, Vol. 1	I	54.1832581
Live, Vol. 2	I	54.1947611
Live In Paris	USA 1971	Liberty LBR260211
Love Explosion	UK 1978	UA G30267
Nice 'n Rough	GB	LBR 26-0021-1
'Nuff Said	USA 1971	UA US5530
'Nuff Said	GB	1C 064 19 2951 1
Nut Bush City Limits	UK 1973	UA S29577
Nut Bush City Limits	BRD 1976	Club Edition 62
Ooh Poo Pah Doo	USA	Harmony 30400
Out of Sight, Out of Mind	GB	EMI 078-032
Outta Season	USA 1969	Blue Thumb BT 5
Outta Season	BRD	Sunset SLS50314 Z
Peaches	UK	Polydor 2916020
Please Please Please	USA	Kent US 550
Pop Gold	BRD	UAS 29-377 I
Portrait	BRD	Bellaphon 3200700
Proud Mary – 20 Rare Recordings	BRD	Bellaphon 2662051
River Deep, Mountain High	USA 1967	Philles HPHLp4001
River Deep, Mountain High	GB	A&MMFP 50443
River Deep, Mountain High	BRD	SHA U 97
Rock Me Baby – A Collector's Classic	GB	BDL 1045
Rock Me Baby – A Collector's Classic Picture Disc	GB	? 20015
So Far	F	Musidisc CV1262
So Fine	USA 1968	Pompeii SD6000
Souled From The Vaults	USA 1975	DJM DJLMD8006
Soul of Ike & Tina	USA	Sue 2001
Soul of Ike & Tina	BRD	? 201.012

Soul of Ike & Tina	GB	Kent 014
Soul of Ike & Tina	F	Musidisc 30CV1362
Soul Sellers	GB	LBR 1002
Star Collection	BRD	MID 2602
Star Collection, Vol. 2	BRD	MID 26026
Supergold	BRD	EMI 134-82 758159
Super Original Session	BRD	Musidisc ALB169
Super Original Session Festival	F	? ALB.169
Super Star	I	SU 1035
Sweet Rhode Island	USA 1974	UA LA312G
16 Great Performances	USA 1975	ABC D4014
Too Hot To Hold	USA	Springboard 4011
Too Hot To Hold	BRD	INT 128.601
Tough Enough	GB	EG 26 0251 1
20 Greatest Hits	I	LOP 14 080
20 Super Hits	BRD	Bellaphon BS45011
Very Best of Ike & Tina	BRD	EMI 097530
Vipes	BRD 1967	DALP
Warner Brother's Years	GB	ED 243
What You Hear Is What You Get	USA 1971	UA S9953
What You See Is What You Get	GB	? STMDL 18
World of Ike & Tina	USA 1973	UA LA06462
World of Ike & Tina (Live)	BRD	UAS 29 511 XD
Working Together	USA 1970	Liberty US7650
Working Together	BRD	? 92828

IKE & TINA TURNER AND THE IKETTES

Come Together	USA 1970	Liberty LST-7637
Gold And New	USA	UA 190F
In Person	USA 1969	Minit LP408
Soul Hits	USA	Modern MST102
Tina Turner feat. Ike and The Ikettes	GB	YDG15715
Tina Turner with The Ikettes	I	LOP 14134

IKE TURNER & THE NOTABLE KINGS OF RHYTHM

A Black Man's Soul	USA	Pompeii SD6003
Bad Dreams	USA	UA LA087F
Blue Notes	USA 1972	UA S5576
Delta Rhythm Kings, Vol. 3	USA	Charly CR30103
Ike Turner's Kings of Rhythm & Harold Burrage: »Rockin' Wild«	USA	P-Vine Special LP 9021
Ike Turner Presents: The Family Vibes: »Strange Fruit«	USA	UA S5560
Ike Turner Rocks The Blues	USA	Crown 5367
Ike Turner & The Legendary Kings of Rhythm: »Hey Hey«	USA	Red Lightenin' RL0047
I'm Tore Up	USA 1978	RL0016
Kings of Rhythm	USA	Flyright 578
Kings of Rhythm Vol. 1	USA	Ace/Cadet 56669

TINA TURNER SOLO

Acid Queen	USA 1975	UA LA495
Break Every Rule	GB 1988	EMI 2406111
Collection – Best Rarities	NL	MA 0121 184
Country In My Soul	F	DFG 8416 NR 335
Duets	F	Tonight Rec.?
Foreign Affair	USA 1989	Capitol 7918732
Freedom To Stay	I	LOP 14002
Interview Picture Disc	GB	BAK 2076
Love Explosion	BRD 1980	Ariola 206543-270
Mini	BRD 198?	Metronome 825274-1
Private Dancer	BRD 1984	EMI 2401521
Private Dancer	USA 1984	ST 12330
Private Dancer Picture LP	GB 1985	P1 EJ 2401526
Queen	USA 1975	Springboard US4033
Queen of Rock 'n' Roll	GB	PD 83011 Sterma
Rough	BRD 1978	Ariola 206542-270

Stand By Your Man	BRD	Ariola 2500 07023
Stand By Your Man	F	Vogue 522 107
Star Festival	BRD	CD 297 059-200
Tina Live in Europa	NL	? 7 90126 1
Tina Turns The Country On	BRD	EMI 0641955111

TINA TURNER – GASTAUFTRITTE

Adams, Bryan – LP „Reckless" Titel: »It's Only Love«	BRD 1986	A&M AMLX 65013
B. E. F. – LP »Music of Quality And Distinction« Titel: »Ball of Confusion«	BRD 1984	Virgin 2041844270
Bowie, David – LP »Tonight« Titel: »Tonight«	BRD 1984	EMI 24-0277-1
Clapton, Eric – LP »August« Titel: »Tearing Us Apart«	BRD 1985	WEA 025476-1
Soundtrack – LP »Mad Max – Beyond The Thunderdome« Titel: »We Don't Need Another Hero« und »One Of The Living«	BRD 1984	EMI 24-0380-1
Soundtrack – LP »Tommy« Titel: »Acid Queen«	BRD 1975	Polydor PD29502
Rod Stewart & Tina Turner Single »It Takes Two«	BRD 1990	WEA ?
Various Artists – LP »We Are The World«	? 1985	CBS ?

Kleines Stil-Lexikon

BEBOP – ist ein Jazzstil, der sich in den 40er Jahren im vorwiegend von Farbigen bewohnten New Yorker Stadtteil Harlem entwickelte. Farbige Musiker versuchten mit dem Bebop und anderen neuen Formen im Jazz, sich gegen weiße Musiker abzugrenzen. Der Bebop zeichnet sich besonders durch freie Improvisation aus und ebnete dem Free Jazz den Weg.
Wichtige Musiker: Charlie Parker, Thelonius Monk, Dizzie Gillespie.

BLUES – wurde im 18. und 19. Jahrhundert durch umherziehende farbige Wanderarbeiter auf den Baumwollplantagen der Südstaaten verbreitet. Der Blues wies je nach der Gegend, in der er entstand, unterschiedliche Formen auf. Weiße Musikfans hörten den Blues erstmals Anfang dieses Jahrhunderts in Memphis und St. Louis. In den 20er Jahren entstand in vielen amerikanischen Großstadt-Slums eine neue, einfachere Form des Blues, den man »urban« oder »city blues« nennt.
Wichtige Musiker: Bessie Smith, Billie Holiday, Blind Lemon Jefferson, Leadbelly, John Lee Hooker, B. B. King, Muddy Waters.

FREE JAZZ – entstand in den 60er Jahren in New York. Melodien und Harmonien traten völlig in den Hintergrund. Statt dessen lebt der Free Jazz von der freien Improvisation der Musiker.
Wichtige Musiker: Ornette Colemann, John Coltrane, Cecil Taylor, Miles Davis, Sun Ra.

GOSPEL – wird von dem englischen Wort »gospel« abgeleitet, das »Evangelium« bedeutet. Diese Gesangsform wurde von den Farbi-

gen Nordamerikas während des Gottesdienstes entwickelt. Zwischen dem Prediger und seiner Gemeinde entwickelte sich durch spontane Zurufe ein Wechselgesang. Anfangs handelte es sich um einen reinen Sprechgesang, später kamen auch Instrumente hinzu, die die Sänger begleiteten.
Wichtige Musiker: Mahalia Jackson, Sallie Martin, James Brown.

HILLBILLY – ländliche weiße Musik aus den Südstaaten der USA. Vorherrschende Instrumente waren Fiedel, Mandoline und das Banjo. Hillbilly wurde mit Elementen aus Blues und Jazz vermischt, so daß leichte, spritzige Melodien entstanden. Ende der 30er, Anfang der 40er Jahre begann die Plattenindustrie, sich für diese Musikgattung zu interessieren. Fortan hieß Hillbilly Country & Western Music. C & W wird auch als »der Blues des weißen Mannes« bezeichnet. Zentrum dieses Musikstils ist die Gran Ole Opry in Nashville.
Wichtige Musiker: Jimmie Rodgers, Jim Reeves, Johnny Cash, Merle Haggard, Dolly Parton.

HIP HOP – entwickelte sich Ende der 70er, Anfang der 80er Jahre erst in New York, später auch in den schwarzen Ghettos anderer amerikanischer Großstädte. Mit Hilfe ihrer Plattenspieler scratchten und sampelten Discjockeys auf Partys und setzten aus alten schwarzen Rhythm-&-Blues-Scheiben eine neue Musik zusammen. Dazu entwickelten die Sänger einen Sprechgesang, den »Rap«. Hip-Hop- und Rap-Fans wollten sich gegen farbige Superstars wie Prince, Michael Jackson oder Whitney Houston abgrenzen. Ihre Musik war eine Musik von der Straße, die jeder machen konnte. Während anfangs die (farbigen) Männer und ihre Welt im Mittelpunkt der Texte standen, gibt es heute auch rappende Frauen und viele Gruppen, die mit ihrer Musik eine Botschaft verbinden. Zum Hip Hop gehört auch die Mode der Turnschuhe, Baseballkappen und dicken Goldketten bei Männern.
Wichtige Musiker: Afrika Bambaataa, Grandmaster Flash, Eric B. & Rakim, Boogie Down Productions, Kool Moe Dee, LL Cool J, Run DMC, Jungle Brothers, De La Soul, Real Roxanne, Latifah.

NEW WAVE – folgte in Großbritannien und den USA Ende der 70er, Anfang der 80er Jahre auf den Punk und unterschied sich im Aufbau der Stücke erheblich von diesem. Während der Punk häufig durch Lärm provozieren wollte, gibt es in der New Wave beispielsweise Rhythmuswechsel, Mehrstimmigkeit im Gesang und Variationen des Grundmotivs eines Stücks. New Wave bezeichnet aber eigentlich keinen eigenständigen Stil, sondern ist ein Sammelbegriff für verschiedenartigste Gruppen. Dazu gehörten auch Musiker, die mit elektronischen Klängen experimentierten.

Wichtige Musiker: The Buzzcocks, Cabaret Voltaire, Human League, Joy Division, The Jam, Throbbing Gristle, Siouxsie & The Banshees – Großbritannien.
B-52's, Chrome, Devo, New York Dolls, Pere Ubu, The Residents – USA.

PUNK – vom musikalischen Standpunkt aus gesehen, eine rohe, reduzierte Variante des Rock. Obwohl der Punk Mitte der 70er Jahre von britischen Mittelstandskids entwickelt wurde, griff er rasch auf andere Schichten über und entwickelte eine eigene Protestkultur. Von Mitte bis Ende der 70er diente der Punk den britischen Jugendlichen als Ventil, durch das sie ihre Unzufriedenheit über steigende Arbeitslosenquoten ausleben konnten. Punk brachte auch die Mode der buntgefärbten Stachelfrisuren, zerrissenen T-Shirts und schweren Doc-Martins-Boots hervor.

Wichtige Musiker: The Damned, Generation X, Sex Pistols, Ian Dury, The Clash – Großbritannien.
The Ramones, The Modern Lovers – USA.

RACE MUSIC – Vor 1949 wurde alle Musik, die in den Staaten von Farbigen für Farbige gemacht wurde, unter dem Oberbegriff »Race« oder »Sepia Music« zusammengefaßt. Erst 1949, als man sich eine so offensichtlich rassistische Unterteilung in »weiße« und »schwarze« Musik nicht mehr leisten konnte, wurde »race music« von einem Redakteur der Zeitschrift »Billboard« in »Rhythm & Blues« umbenannt.

RAP – Sprechgesang, der den Hip Hop begleitet (siehe Hip Hop)

RHYTHM & BLUES – ist eigentlich kein eigenständiger Musikstil, sondern faßt verschiedene weiße und schwarze Musikstile zusammen. Anfang der 50er Jahre kamen mehr und mehr Country-&-Western-Einflüsse hinzu, und der Rhythm & Blues wandelte sich zum Rock 'n' Roll.
Wichtige Musiker: Chuck Berry, Ray Charles, Fats Domino.

ROCK 'N' ROLL – entstand Mitte der 50er Jahre aus dem Blues, Country & Western und weißen Balladen. Trotz seiner lapidaren Harmonik und Schlagermerkmale brachten die Musiker die Säle zum Kochen. Rock 'n' Roll war nicht nur Musik zum Tanzen, sondern auch eine Form des Widerstands, den amerikanische Jugendliche der Welt der Erwachsenen entgegensetzten. Mit dem Rock 'n' Roll kam auch die Mode der Blue Jeans und ölglänzenden Hartollen bei jungen Männern und der Pferdeschwänze und weit abstehenden Petticoats bei Mädchen auf.
Wichtige Musiker: Chuck Berry, Buddy Holly, Little Richard, Bill Haley, Elvis Presley, Jerry Lee Lewis.

SOUL – in den 60er Jahren für die farbigen Jugendlichen der USA das Gegenstück zum »weißen« Rock 'n' Roll der 50er Jahre. Soul mischte Gospelgesang und schwarzen Rhythm & Blues. In den 70er Jahren wurde der Soul durch ausgeklügelte Studiotechnik und professionelle Produzenten zunehmend glatter und kommerzieller, die Interpreten austauschbarer.
Wichtige Musiker: Wilson Pickett, James Brown, Otis Redding, Aretha Franklin, Solomon Burke, Dionne Warwick, The Shirelles, Sam Cooke.

Bildnachweis

S.29: © Jazz-Archiv, Hamburg
S.46: Foto: Archiv Norbert Hess, Berlin
S.48: © Jazz-Institut, Darmstadt
S.49: Foto: © Norbert Hess, Berlin
S.52: United Artists Records
S.63: Harry Langdon
S.67–69: © Photo Selection, Hamburg (Michael Putland)
S.83: © Jazz-Institut, Darmstadt
S.85: © Keystone, Hamburg
S.95: Ariola
S.101: Ariola
S.109: © David McGough, New York
S.111: © Didi Zill, München
S.117: © Photo Selection, Hamburg
S.119: EMI Electrola
S.121: Capitol Records (Herb Ritts)
S.123: © Photo Selection, Hamburg
S.130: Ariola

RTB Portrait

RTB 1851

RTB 1852

RTB 1854

RTB 1855

RTB 1856

RTB 1858

Ravensburger TaschenBücher

RTB Fantasy

RTB 1512

RTB 639

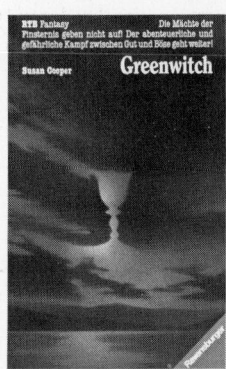

RTB 1510

RTB 1540

RTB 1546

Ravensburger TaschenBücher